◉シリーズ

親鸞

歴史のなかの親鸞

真実のおしえを問う

第一巻

名畑崇

筑摩書房

親鸞聖人　安城御影（東本願寺蔵）

歴史のなかの親鸞——真実のおしえを問う【目次】

凡例

＊本文中、資史料の引用については、基本的に真宗大谷派宗務所出版部（東本願寺出版部）発行『真宗聖典』を使用した。

＊『真宗聖典』収録以外の引用については、『真宗聖教全書』（大八木興文堂）、『親鸞聖人行実』（真宗大谷派教学研究所編）、『日本思想大系』『日本古典文学大系』（岩波書店）、『真宗史料集成』（同朋舎出版）などに依拠した。

＊本書の引用文については、読みやすさを考慮して、漢文を書き下し文に、文字の一部をかなに改め、新字新かなを用いた。また、適宜ルビを施した。

歴史のなかの親鸞

真実のおしえを問う

題字揮毫　大谷暢顯

真宗大谷派第二十五代門首

第一章

近代からの視点

一　知識人・ジャーナリストの視座――木下尚江

歴史の創出

社会や国家をはじめ、人の生も死も見えにくくなっているこの時代に、私たちは親鸞をどのように読むのか。平成二十三（二〇一一）年に親鸞の七百五十回忌を迎える。百年まえ親鸞の六百五十回忌は明治四十四（一九一一）年のことで、人というものをはじめ、政治・社会・国家にわたり、ものがよく見える時代であったと思う。この年二月に木下尚江《なおえ》が『法然と親鸞』という評伝を著わしている。東京の金尾文淵堂という書店から出版されてよく読まれた。

木下尚江（一八六九〜一九三七）は長野県松本に生まれ、東京専門学校（現早稲田大学）邦語法律科に学び新聞記者になった。かねて代言人（弁護士）の資格を取得したうえ、洗礼をうけてキリスト教社会主義にひかれ、非戦論や廃娼運動、足尾鉱毒事件、普通選挙期成同盟会などの運動にかかわった。無教会主義の内村鑑三を知り、幸徳秋水や堺利彦ら社会主義者とも交わった。しかし明治三十八（一九〇五）年、日露戦争講和や母の死去により、木下は社会主義運動から離脱して評論や創作に取り組むようになった。なかでも足尾銅山の鉱毒事件を訴えつづけた田中正造を尊敬して、その伝記編纂につとめ、晩年はみずからの著作集を編集している。

「歴史は創作なり」。木下尚江が『法然と親鸞』のはじめに掲げる言葉である。これまで自分が読み習った日本の歴史は支配者や政府の歴史であって、そこに民衆が不在であると木下はいう。そのころ欧米留学から帰った西洋史学の原勝郎の説により、西欧の「中世」および「宗教改革」を日本の歴史に移しかえて読むといううごきが、史学界にあった。「東西の宗教改革」という観点に立てば、法然や親鸞による念仏のすすめは、西洋中世の宗教改革に相当し、その念仏がひろく日本の民衆に救済をおよぼすものであったという発想から、木下は法然と親鸞について評論を書くのである。新しい歴史を創り出そうとしたようだ。

木下が『法然と親鸞』を著わす前年六月に、幸徳秋水らが「大逆事件」で逮捕され、翌年一月に十二名が死刑を執行され、十二名が無期懲役になっている。そのうち刑死した内山愚童《ぐどう》は曹洞宗の僧であり、無期懲役になって獄死する高木顕明《けんみょう》は真宗大谷派の僧であった。高木は和歌山県新宮の浄泉寺の住職になり、被差別地区の疎外と貧困に生きる住民の救済を訴え、日露戦争には非戦論をとなえていた。木下が法然と親鸞に見出した「宗教改革」の意味は重かった。木下がいう「宗教」は政治・教育・哲学・文芸・道徳などと横ならびになるものでなく、宗教は自己の存在を世界に確かめ、歴史に検証するものであった。

木下はいう。

僕は今日の日本、今日の世界を縁として此の宗教改革を論ずる前に、更に一つの準備を入《い》り用《よう》らしく思う。即ち過去に嘗《な》めた僕等の実験を、旧い記憶の底から新たに呼び起して見ることです。特に此の日本に於て我等が経験した宗教改革の事業を味い返して見ることです。

（『法然と親鸞』）

ここに木下が『法然と親鸞』の執筆を思いたった動機がうかがえる。木下は先進的なジャーナリストとしての自己をかえりみ、法然と親鸞に思いを移して、日本の歴史を読みかえようとした。まさに「歴史は創作」なのである。

黒衣の念仏者

当時、西欧の新しい史学研究の方法にならい、確かな資料と綿密な考証により歴史を見直すことが学者の見識になっていた。資料にもとづく正確な歴史、または国家の正式な歴史を「正史」とよび、伝説や伝承はうたがい退けられもした。親鸞についても『吾妻鏡』はじめ当時の公家の日記類など「正史」にその名が見えないとして、親鸞の実在に不審をいだいたり、『親鸞伝絵《でんね》』（『御伝鈔』）はじめ宗門の伝承をうたがう向きもあった。これら学者を木下は「考証先生」とわらい、独自の感性で伝説をも読み解き、みずから存在をかけて実在の親鸞と向きあおうとしたようである。その場面のひとつが法然と親鸞との出会いである。

そこで木下が掲げるのは、親鸞みずから書きつけた『顕浄土真実教行証文類《けんじょうどしんじつきょうぎょうしょうもんるい》』（『教行信《きょうぎょうしん》証《しょう》』）後序の文である。ここには親鸞が建仁元（一二〇一）年比叡山をおりて法然の弟子になったこと、法然の信頼はあつく、親鸞は法然が著わした『選択本願念仏集《せんじゃくほんがんねんぶつしゅう》』を書き写し、そのうえ法然の肖像画まで模写をゆるされ、自筆で讃銘を書き与えられたことが述べられる。ついで木下は『歎異抄』第二章の文をひく。

> おのおの十余か国のさかいをこえて、身命《しんみょう》をかえりみずして、たずねきたらしめたまう御こころざし、ひとえに往生極楽のみちをといきかんがためなり。（中略）親鸞におきては、ただ念仏して、弥陀にたすけられまいらすべしと、よきひとのおおせをかぶりて、信ずるほかに別の子細なきなり。念仏は、まことに浄土にうまるるたねにてやはんべるらん。また、地獄におつべき業にてやはんべるらん。総じてもって存知せざるなり。たとい、法然聖人にすかされまいらせて、念仏して地獄におちたりとも、さらに後悔すべからずそうろう。

つづいて木下の叙述がある。

是等の消息を通じて、親鸞が始めて法然に謁《えつ》した時、両個の間に湧いた感応の如何に強烈であったかを想像することが出来る。此時の親鸞は煩悶疲労の極、既に憍慢な自我を全く投げ出し、恰《あたか》も渇ける小鹿が水を求めて深い谷間に行き迷う姿であった。大器を抱いて暗に惑う青年僧の可憐の面を一見した時、法然の胸には、直《ただ》ちに我が昔年の苦悩の痕《あと》を思い浮べたに相違ない。其の諄々《じゅんじゅん》と説く一言一語、直に霊火を以て青年僧の心に燃えた。法然が曾《かつ》て善導の観経註釈を三たび繙《ひもと》いて自得した所のものを、親鸞は此の六十九歳の老師が一席の法語に依て、豁然《かつぜん》と徹底した。聖光院門跡範宴《はんねん》少僧都は、牛車を還えし、色衣を脱して、直に黒衣の念仏行者となった。

（『法然と親鸞』）

ここで牛車に乗る色衣姿の「聖光院門跡範宴少僧都」親鸞を登場させ、劇的な装いを凝らしてみせるのも木下の「創作」であった。こののち山田文昭が『黒衣の聖者』と題する親鸞の評伝を書き、つづいて大正十一（一九二二）年に部落解放を訴える水平社運動が発足し、それに呼応して教団改革をとなえる「黒衣同盟」が結成される。木下が親鸞にあたえた「黒衣の念仏行者」の称は、近代における親鸞の原点回帰へのよびかけでもあった。

法然の真面目

ところで、木下は法然と親鸞をたとえて、冬の諏訪湖から眺める富士山と八ヶ岳のようだという。「剣をいく振りともなく植えたような八ヶ岳の上に、雪に包まれた芙蓉のような（富士の）峰が優然と胸から上を露出した光景」である。「八ヶ岳があって、富士の雄麗な姿は尊く拝まれる。富士を背景にして八ヶ岳の鋭いところがさらに面白い」。また法然を象に、親鸞を猪にたとえてもみる。それで人が下手に法然を真似すると、飢えた犬の法然が出来上がり、親鸞を真似ると、食い飽きた豚の親鸞が出現するという。木下に法然と親鸞は親しく身近にあり、鮮明な姿を見せている。そこで木下は法然のなかに足尾銅山の鉱毒を訴えた「至誠の人」田中正造を思い、親鸞には自己の矛盾を問うたように見える。

そのひとつが「念仏禁止」の場面である。木下は法然の真面目《しんめんもく》を知りたければ、彼の流罪を見るがよいといい、建永二（承元元　一二〇七）年念仏停止《ちょうじ》におよび、法然とその門人が処罰されるまでの事情をえがく（念仏停止については第四章に詳述）。法然自身は土佐国へ流罪《るざい》、門弟には死罪も含む厳しい罰が下された。その時、師弟のあいだで交わされた言葉が木下により呼びもどされる。

すなわち門弟の筆頭である法蓮房信空《ほうれんぼうしんくう》が老師の前へ進み出て、

「専修の禁止と申すこと、勅令なれば是非に及ばず。此上《このうえ》は念仏興行を思い止まる旨奏上に及ばれ、道を変えて内々に御布教遊ばすことになりましたならば、流罪の厳刑御容赦のことも叶いましょうかと存じまするが」

と申し出でた。所が、法然は一向に平気なもので、

「種々と心配かたじけないが、然《し》かし此度の流罪《るざい》、聊《いささ》か怨みと思わない。私も逐《お》っつけ八十に届く身じゃ。衆《みな》と共にこのまま花洛《みやこ》に居たからとて、近々娑婆《しゃば》の別れを告げねばならぬ。たとい山海万里を隔てても、毎日浄土で会《お》うて居る。厭だと思っても生きて居るのが人の身《からだ》。惜しいと思っても死なにゃならぬが人の命。住所や場所によるものじゃ無い。のみならず此の念仏興行、普《あまね》く辺土に赴きて田夫野人に勧めたしと、兼々心に思うのみにて未だ時節到来せざりし所、不思議の因縁にて、図らずも年来の本意を成就すること、偏《ひと》えに朝廷の御厚恩と、有難く御礼申して居る。法の弘通《ぐずう》は人力で停めることの出来るものでない。只一つの心懸りは、此の末代衆生の為めの決定《けつじょう》出離の要道に向て無法の障碍を加える人の身の末じゃ」（中略）

そういって、老師はいつものように念仏の大事をすすめておられる。そこへ弟子の西阿《さいあ》

弥《み》が訪れ、驚きおののき、

「我師にはあまりの御不謹慎。皆の衆、御返事申上げなさるな」

と声を荒げ色を変えて言った。法然は例の柔らかな調子で、

「西阿弥。御身は経文を何と見やる」

「経文は相違御座りませぬが、何を申すも念仏禁止の昨今。勅命と申し、世間の手前
――」

「世間の手前？――よし、殺さるるまでも申さにゃならぬわ」

凛とした一言に、西阿弥先ず身を投げて泣き伏した。並み居る一同も、今は最早耐える力を失って、声を洩らして泣いた。

（『法然と親鸞』趣意）


木下が法然の真面目を知りたければ彼の流罪を見るがよい、と言ったのはこの場での法然のこの言葉であろう。「歴史は創作なり」と木下は言っていた。

屍骸を流せ

『法然と親鸞』において木下がこの章の執筆をすすめていたのは、明治四十三（一九一〇）年夏の頃であろうか。そのころ幸徳秋水ら無政府主義者や社会主義者が「大逆罪」の疑いで逮捕

され、全国に多数の逮捕者が出ていた。そのなかに木下が以前に親しみ共感した人びとがいて、緊迫した情勢のなかで、法然や親鸞に思いをつのらせて、筆を運んだのであろう。

『法然と親鸞』の後半部は「念仏禁止」章のあと「寺を建る勿《なか》れ」「聖僧生活の虚偽」「東国の山野と親鸞」の章につづき、巻末は「迫害と親鸞」から「屍骸を流せ」の章で結ばれている。「屍骸を流せ」とは激烈な章題である。ここで木下はイエス・キリストの墓と愚禿親鸞の墓所の成立をくらべて次のように論じている。キリストは十字架に懸けられたあと復活して昇天したという。しかし昇天を信じる人たちが墓のない所に墓を築いて聖地とし、そのため十字軍により悲惨な戦争が行われた。神は宮殿にも山の上にもいず、人の口と心にあると論じる。つづいて親鸞の墓所が弟子によって築かれ、覚信尼《かくしんに》とその子孫が墓守になり「本願寺」になるまでの経過をたどり、つぎのように論評する。

「遺骨の在る所が霊場となり、血縁と云うことが崇拝の目的物となり、墓所がやがて寺となり、墓守が化して住職となり、「本願寺」と云う勅願所となり、覚如《かくによ》以後子孫相継で本願寺の活如《いきによ》来《らい》と化し終った」。そして「親鸞は本願寺の先祖では無い」とまで言って「屍骸を流せ」の章を結んでいる。

しかしイエスがゴルゴダの丘で十字架に懸けられて屍骸をさらしたままだったら、イエス・キリストの福音は伝わらず『聖書』も残らなかったのではないか。親鸞がもし京都の草庵で息絶えて死骸を鴨川に流したなら、遺体とともにそのおしえは伝わらず『真宗聖典』も編まれなかったかも知れない。もし遺体・遺骨を敬うことがなければ、教会や寺は建てられず、尊崇礼《そんすうらい》拝《はい》も伝道教化《でんどうきょうけ》も行われず、おしえが歴史を超えて伝わることはなかった。

二　宗門人・学識者の立場——佐々木月樵

新しい親鸞伝

木下尚江が『法然と親鸞』を著わした前年、明治四十三（一九一〇）年二月に佐々木月樵《げっしょう》が『親鸞聖人伝』を著わしている。翌年の親鸞六百五十回忌を期したのであろう。第一章「御俗姓」から第四十八章「大谷本廟」まで、およそ八百ページにもおよぶ大著である。

佐々木月樵（一八七五〜一九二六）は、真宗大谷派願力寺（愛知県）に生まれ、岡崎上宮寺を継いだ。真宗大学を卒業し、清沢満之《まんし》（一八六三〜一九〇三）の真宗教義および教団の改革運動に加わった。多田鼎《かなえ》・暁烏敏《あけがらすはや》ら満之の門下生と『精神界』の発行をすすめ、一九〇六年真宗大学教授となり、のち大谷大学学長に就任した。『親鸞聖人伝』出版のとき、佐々木は三十五歳で真宗大学教授に在任中であった。

佐々木は親鸞を「我《わが》聖人」と呼ぶ。それは浄土真宗の寺に生まれ育ち、宗門人の慣習として敬うだけの親鸞ではない。佐々木が師の清沢から学んだ哲学にもとづき、近代の学としての仏教学・歴史学を通して確かめた、親鸞への親愛と尊敬の念をこめた「我聖人」である。そのころ仏教学も歴史学も西欧近代の学問研究にうながされ、変革の時期を迎えていた。佐々木は宗門伝統の学を受けついだうえ、新たな学問方法により親鸞を読み解こうとした。そういう意味で世界はじめ宗門の内外がよく見える時代であった。佐々木は親鸞をめぐる時代の歴史資料から、親鸞の著作、伝記、伝説から遺跡まで、文献・情報をおよぶかぎり集めて、親鸞の新しい伝記を生み出そうとした。佐々木は思いの限りを込めて「親鸞」を書いた。それが我聖人『親鸞聖人伝』であった。

過去の人は、過去のみに生くるにあらずして、現在の人もまた現在のみに生くるものにあらざるなり。何《いず》れも皆な、我如来によりて三世十方に亘りて生く。然《しか》り而《しこう》して我如来は尽《じん》十方無碍《じっぽうむげ》の如来にして、またこれ我等が永劫の生命にぞありける。これなくては、我等は、一日も考え、思い、また生活する能わざるものなり。今我親鸞聖人伝は、凡《すべ》ての宗教家の伝紀《ママ》と同じく、この信念によりて初めて、成立つことを得る所のものなり。

（『親鸞聖人伝』巻頭「告白」）

その人の生涯や事跡をどのように克明に調べ、くわしく述べてみても、その人がもとめた理念を見うしなうと、伝記にはならないという。木下尚江が「歴史は考証ではない、創作なのだ」といったのも、ここでも大事な意味をもつ。佐々木はまた同じことを次のようにもいう。

伝紀は事実の記載なり。事実のありのままを、ありのままに記述するは伝記者の本領なり。この点に就ては、吾人は古人の如く、我聖人を以て直ちに人間以上となし、或は又知らず知らずのうちに、宗我の偏見に陥らざるようにと常につとめたり。然れども、如何なる人と雖《いえ》ども、何事も我心のうちに感じ、一度は、之を我心の上に写さでは一句も之を描写する能わざるを如何にせん。この意味よりいえば、世にまた純然たる客観的描写なし。たとい之ありとするも、精神的生活を己が生命とする宗教家の伝紀に至りては単にその外面にのみあらわれたる客観的記述のみにては、到底その人を伝うべくもあらざるなり。思うに、今の世の人の如く、唯徒《いたず》らに史実をのみ集めて之を年月日の順序に組み立て、之を名《なつ》けてその人の伝紀なりといわば、墓辺に散乱する所の枯骨を拾い集めて之を人なりというと何ぞ異ならん。客観的描写は、僅かにその人の骨格を伝うるも、未だその人格を伝えず。

（同前）

事実をありのまま描写してみても、そのことを筆者が自分の心のうちに感じ、いったん自分の心のうえに写しとってみなければ、描かれる人は生きた人格をあらわして来ない、というのである。伝記というものは、その人が何を求めて生きたか、その人の理念を伝記作者がどう読み解くか、にかかわることになる。佐々木月樵『親鸞聖人伝』は釈尊観はじめ、著者自身の仏教学から教系論・神祇観・親鸞の遺跡・婦人問題にまでおよぶ。親鸞のあらゆる記録・伝承のうえに著者自身の思いが存分に尽くされている。

神来を呼ぶ

終章にあたる第四十八章「大谷本廟」では、親鸞六百五十回忌の前年、明治四十三（一九一〇）年正月、月樵が東山大谷本廟に参詣した感慨を述べる。そこに描かれるその日の情景は次のようであった。

夜来の雨は止みて、朝日はあかあかと東山を照しぬ。疎なる松林の間をすぎて磴道《とうどう》をふみ行けば、既に嫁らしき婦人の、老母の手をとりて参詣し帰るにあう。廟門を入れば、静寂の気は境内にみちみちて、平和の色は何時もながら堂宇の間をめぐりぬ。

　御本堂に詣ず。

勿体なや祖師は紙衣の九十年　句仏

先ず御真影に対して、御一生九十年間の御苦労を謝し奉る。（同前）

すでに世を去った恩師清沢満之（信力院《しんりきいん》釋《しゃく》現誠《げんじょう》）はじめ佐々木月樵の家族および友人をしのび『正信念仏偈《しょうしんねんぶつげ》』（『正信偈』）をとなえ『親鸞伝絵』を読む。手にする本は月樵の父が記念にと自ら書き写して与えたものだという。月樵はこの本を手もとから離さず、親鸞伝執筆のおり必ず読み上げて聖人の「神来《しんらい》」を呼んだという。神来というのは親鸞のこころ、すなわち親鸞の精神の来臨を請うたものであろう。

おわりに『歎異抄』より次の言葉が引かれている。

「自然《じねん》の理《ことわり》にあいかなわば、仏恩をも知り、また師の恩をも知るべきなり」

三　親鸞の実在——命終と収骨

死をもってはじまる伝記

百年前、ものが見えやすかった時、ジャーナリストで社会評論家だった木下尚江の鋭い視座と、宗門の学僧で教育者だった佐々木月樵の熱い眼差しに映し取られた親鸞像。両者とも本願寺覚如の『親鸞伝絵』を主軸にして親鸞の生涯をたどっている。木下は覚如による親鸞の墓の「本願寺化」を批判するが、佐々木の親鸞の墓・大谷本廟に寄せる思いはあつい。こののち覚如の『親鸞伝絵』は親鸞の伝記として史料批判されるが、今日では近代史学の検証を経て、その細部はともかく、大筋において事実を伝えるものとされている。

これまで見たように、近代において親鸞の実在が疑われた時期があった。もちろん宗門においては親鸞の著書や手紙、自筆の書写本などが現に伝わり、親鸞を「御開山」「宗祖」として敬う立場からは、親鸞の存在を疑うなど自らの立場と存在をうしなうことである。ところが歴史「学者」の疑念は、『玉葉』『明月記』や『吾妻鏡』など「正史」、日本中世の根本史料に親鸞の名がみえないことに発していた。
その後古文書学による親鸞筆跡の特定が進み、自筆の著書や年次、自署のある文書などが確かめられて、親鸞の存在は疑いないことになった。このように親鸞自身が書き残したもののほか、第三者による親鸞の存在を跡付ける記録として次の記事がある。

弘長二歳壬戌十一月廿八日午剋親鸞聖人御入滅也　御年九十歳、同廿九日戌時東山御葬送、
同三十日御舎利蔵
（真宗大谷派浄得寺蔵「化身土巻」）

というものである。親鸞の著わした『教行信証』一部六巻を弟子が写し取ったあと、巻末に書き留めたものである。親鸞の死を「御入滅」、遺骨を「御舎利」と称して、その死亡と葬送・収骨の日時が書き付けてある。親鸞を生前に敬慕して親しくおしえをきき、著書の書写をゆるされた弟子による追記で、その場に居合わせて事の次第を見届けた者の記事である。親鸞の没後あまり年数をへだてない頃の書き付けのようである。親鸞を知る人も知らない人も、『教行信証』を読む人も読まぬ人も、親鸞の死と没後のことを伝えるこの文言により親鸞の存在を確かめ、再認識するのである。伝記というものは、その人の生い立ちから始まるのでなく、その人が生涯を閉じたところから思い起こされ、書き初《そ》められるものなのである。

出生と没後

しかし、話として語られる伝記は、やはり生い立ちから始まる。親鸞没後三十三年に曾孫にあたる覚如が著わした『報恩講《ほうおんこう》私記』は三段より成り、その第一段に親鸞の出生を述べる。

俗姓は後長岡の丞相《しょうじょう》 内麿公 の末孫《ばっそん》、前皇太后宮大進有範《さきのこうたいこぐのだいしんありのり》の息男なり。

とある。没年については第三段に、

弘長第二 壬戌 黄鐘《おうしょう》(十一月)二十八日、前念命《ぜんねんみょう》終《じゅう》の業成《ごうじょう》を彰《あらわ》して、後念即生《ごねんそくしょう》の素懐を遂げたまいき。(カッコ内筆者)

と述べられる。親鸞の出身とともに没年を伝えるのはこれが初めてである。『報恩講私記』は親鸞の忌日・報恩講にあたり、祖師親鸞の「聖霊」に対して読み上げるもので「南無《なむ》帰命《きみょう》頂礼尊重讃嘆祖師聖霊《ちょうらいそんじゅうさんだんそししょうりょう》」の誦文がとなえられる。祖師聖霊を尊重讃嘆する表白の言葉に、もとより偽りや虚言など混じってはならない。さらに『報恩講私記』には没後のこととして、廟堂に跪《ひざま》ずきて涙を拭《のご》い、遺骨《ゆいこつ》を拝して腸《はらわた》を断つ。入滅、年遥《はる》かなりといえども、往詣挙《おうげいこぞ》りて未だ絶えず。哀《あわれ》なるかな、恩顔は寂滅《じゃくめつ》の煙《けぶり》に化《け》したまうといえども、真影《しんねい》を眼前に留めたまう。悲しきかなや、徳音《とくいん》は無常の風に隔るといえども、実語を耳底《みみのそこ》に貽《のこ》す。

という。親鸞の没後に墓所をあらため堂を建て遺骨を納め、影像を安置した。毎年忌日に弟子たちが遠く関東や奥州から京都へ足を運び、廟堂にひざまずいて落涙し、遺骨をおがんでは、はらわたがちぎれるほど、悲しい思いをするという。現代では亡き人の遺骨は骨壺か墓石の下に納められ、骨は見えにくくなっている。ときには「散骨」と称して空や海に遺骨を撒くようである。一般にも人の没後その人の骨を眼のあたりにするようなことは希である。むかしは尊敬する人の没後その遺骨を容器におさめ「瞻仰《せんごう》」と称して手にのせて頂き、遺骨を間近に見つめたものらしい。

　奈良の東大寺境内には鎌倉時代に焼けた大仏と大仏殿の再建を遂げた俊乗房重源《しゅんじょうぼうちょうげん》をまつる俊乗堂がある。この堂には重源の坐像と遺骨が安置されていて、今も七月五日に俊乗忌がおこなわれる。この日に俊乗堂に集まる僧たちは、金銅製の舎利容器の透明な玉のなかに納められた重源の遺骨を手にして頂礼し、作法としてしばし骨を見つめ、次に坐す人に手渡す。受け取った人は同じように遺骨を頂礼して次の者に手渡す。親鸞の廟堂においても初期のころ同じことがおこなわれたのだと思う。でなければ「遺骨を拝して腸を断つ」とは言わないだろう。

藤原北家の血脈

さて親鸞の出自について『報恩講私記』は、はじめに父は前皇太后宮大進有範、その祖は藤原氏北家《ほっけ》の内麿であると伝えていた。藤原氏は南・北・式・京の四家に分かれ、なかでも北家は子孫が栄えた。内麿の子真夏の孫にあたる家宗がのち山城宇治郡日野に法界寺を草創、その子孫の資業《すけなり》が同地に薬師堂を建て「日野」氏を称するようになった。したがって親鸞の父有範は藤原氏北家の分家日野の出身で、皇太后宮大進という官職についたことになる。覚如は『報恩講私記』についで翌年に『親鸞伝絵』を著わすが、そこでも親鸞は藤原氏の出身で、その歴代は相当の官職に列なったとしている。

それ、聖人の俗姓は藤原氏、天児屋根尊《あまつこやねのみこと》二十一世の苗裔《びょうえい》、大織冠《たいしょかん》鎌子《かまこの》内大臣　の玄孫《けんそん》、近衛大将右大臣《こんねのだいしょうだいじん》　贈左大臣　従一位内麿公　号後長岡大臣、或号閑院大臣、贈正一位太政大臣房前公孫、大納言式部卿真楯息　六代の後胤、弼宰相《ひつのさいしょう》有国卿五代の孫、皇太后宮大進有範の子なり。

はじめに藤原氏をかかげ、その祖を神道にたどり天児屋根尊の名をあげる。天児屋根尊は藤原氏の先祖中臣鎌子（鎌足）の始祖だからである。ついで房前《ふさざき》―真楯《またて》―内麿―…―有国《ありくに》、それより五代目が親鸞の父有範である。これら有国までの人たちは内大臣・左大臣・右大臣・正一位太政大臣・大納言・宰相など、古代律令制の顕官につらなるが、親鸞の父有範におよんでは令外官の皇太后宮大進にとどまる。

『報恩講私記』が親鸞その人に向かって「南無帰命頂礼尊重讃嘆」とまで敬い崇めて申しあげるのに対して、『親鸞伝絵』は親鸞の廟堂に参詣する人びとに説き聞かせるものである。そこには親鸞を世の人びとに知らせ、その教えを世に広める意図がはたらく。身分を重視するこの時代の人びとを教化するには、宮廷の身分秩序を借り、それに倣って語るのが有効であった。

同じころ東国の荒木門徒のあいだで語り伝えられたとみられる『親鸞聖人御因縁』になると、親鸞は「岡崎の皇大皇《（マヽ）》公大進有範の卿が子、歌人前若狭大臣の孫」とされる。そして親鸞は座《ざ》主《す》の宮・慈鎮《じちん》和尚（慈円）の弟子となり、朝廷へ和歌の使いに遣わされ、のち黒谷法然の弟子となるという。この話になると、ほとんど貴種崇拝ともいうべきもので、京都から遠くへだたる東国において、王朝国家の高貴なる身分秩序への強い憧れから伝えられたもののようである。

ところで『親鸞伝絵』には終りに親鸞の命終の様子が次のように述べられている。

弘長二歳 壬戌 仲冬下旬の候より、いささか不例の気まします。自爾以来《それよりこのかた》、口に世事をまじえず、ただ仏恩《ぶつとん》のふかきことをのぶ。声に余《よ》言《ごん》をあらわさず、もっぱら称名たゆることなし。しこうして同《おなじき》第八日午時《うまのとき》、頭《ず》北面西右脇《ほくめんさいうきょう》に臥し給いて、ついに念仏の息たえましましおわりぬ。時に、頽齢《たいれい》九旬に満ちたまう。

のちに生まれた覚如は、もちろんその場に侍していないが、よく聞き伝えたものである。人がその生涯を終えていくとき、その人の真の姿をあらわすのであろうか。その厳粛さが「貴種」や「高僧」の終焉をかざる文辞など用いさせないのである。

こうして親鸞という人が去って、その生涯が語りはじめられたのである。

第二章

世紀のおわり

南都の炎上

一　父祖の系譜をたどる

才知の系譜

よく言われるように、藤原氏の日野家に親鸞が生まれたのではない。藤原氏の日野家に生まれた人が後に「親鸞」になったのである。しかし他の家系に生まれた人だったら「親鸞」にはならなかったとも言える。親鸞は若くから和漢の書に親しみ、経論も読んでいたようである。そのうえ比叡山では堂僧として常行三昧堂《じょうぎょうざんまいどう》に奉仕しながら修学に励み、法然の弟子になってからひたすら念仏往生の教えを学び論証を深めた。

五十歳を過ぎた頃『顕浄土真実教行証文類』という標題のもとに六巻の書を著わし、生涯にわたって推敲をかさねた。「文類」というのは、たずねあてた教えを真理として証明するため、根拠になる文言や言説を経典や論釈からあつめて類別し検証するのである。それは仏教の学問方法であるが、親鸞は和漢の書物の類従にも通じたようである。また親鸞は偈頌《げじゅ》と称する漢詩や和讃という今様風の歌を多く作って仏を讃え、信仰告白をするなかで、広大で悠久にわたる仏法の世界をうたい高揚させている。それは仏の本願力による功徳荘厳《くどくしょうごん》ということに尽きるが、そこには修辞の慣用はじめ音韻や音声など、素養として和漢の才と鋭い感性に恵まれていたことがうかがわれる。

ここで親鸞を日野の家系に跡づけてみよう。近代まで親鸞の家系をたどるには、南北朝時代に成立した『尊卑分脈《そんぴぶんみゃく》』とそれに基づく本願寺の伝承によってきたが、よくわからない部分があった。ところが高田派本山専修寺で「日野氏系図　聖人御先祖也」と題する親鸞の家系図が発見されて、従来の伝承に疑いないことがわかった。「日野氏系図」は鎌倉時代末期の筆跡と認められ（国の重要文化財）、親鸞の家系図として『尊卑分脈』に先行する。

「日野氏系図」により、藤原鎌足にはじまる家系を親鸞までたどってみよう（次ページ）。この家系図に『尊卑分脈』内麿系の注記を重ねて読むと、有範より六代前の弼宰相有国の才知がきわだって見える。有国は日野に法界寺を開いた藤原家宗《いえむね》の直系で、有国には広業《ひろなり》・公業《きみなり》・資業《すけなり》など、いずれも学問才知にたけた子息があり、それら子孫に学問や歌にすぐれた人を輩出している。むかし学問といえば大江・菅原両氏の家芸とされたが、のち藤原氏の南家や北家（日野流）にも学者が出て文章《もんじょう》博士・大学頭を世襲するまでになっていた。

北家（日野流）で頭角をあらわす有国（天慶六〈九四三〉～寛弘八〈一〇一一〉）は平安時代中期の公家で、諸国の国司を歴任して大宰大弐から参議従二位までのぼった。その有国の才知を伝

【日野氏系図】

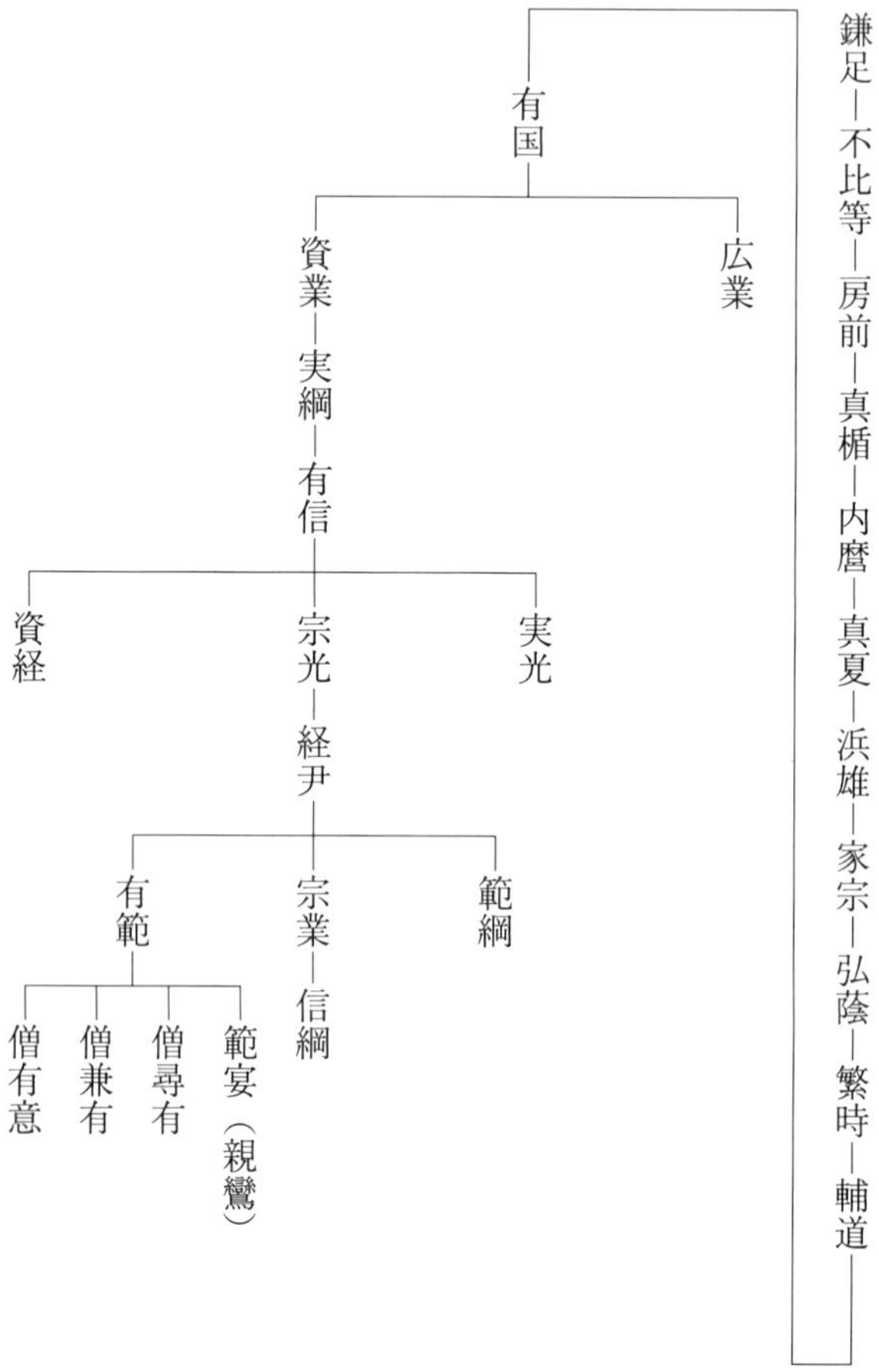
鎌足
不比等
房前
真楯
内麿
真夏
浜雄
家宗
弘蔭
繁時
輔道
有国
広業
資業
実綱
有信
実光
宗光
資経
経尹
範綱
宗業
有範
信綱
範宴（親鸞）
僧尋有
僧兼有
僧有意

える次のような逸話が伝わっている。

有国が父輔道に従って任国豊前に下ったとき、父が発病して死に瀕したことがある。有国は父の命を救うため泰山府君祭《たいざんふくんのまつり》を行った。泰山府君祭というのは陰陽道の祭りで、閻羅《えんら》天子はじめ司命《しみよう》・泰山府君など冥界の神々に供物を捧げて祈り、瀕死の病人を救うもので陰陽師が司祭する。それを陰陽師でもない有国が行ったというので冥官が論議することになった。ひとりの冥官は有国が父を救うために泰山府君祭を行ったのだから赦してやるべきだと述べた。それに対して陰陽師でもない有国が不法に泰山府君祭を行ったのは許せない、父を冥土に召すべきだという反論がなされる。そのとき別の冥官が陰陽師さえいない辺境の豊前の地にきて孝行のあまりやむなく行ったことではないかと有国を弁護した。そこで冥官たちがみな賛同して有国父子を助命してやったという。

有国はまた菅原道真の廟を崇敬して子孫に学問を達成させた。有国の子息九人のうち広業と資業の二人がとくにすぐれ、末弟の有慶《ゆうけい》は東大寺東南院大僧都、次の斉慶も東大寺別当で両名とも歌人であった。最後の良命は東寺阿闍梨《あじやり》になっている。ここでは広業と資業について以下系図にしたがって経歴をたどってみることにする。

広業（貞元元〈九七六〉〜万寿五〈一〇二八〉）は一条・三条・後一条天皇の侍読で、従三位、文章博士から参議に昇った。子息の家経は文章博士で歌人として知られる。侍読は天皇に学問をおしえる教師。文章博士は大学で史学・文学をおしえる教官である。
資業（永延二〈九八八〉〜延久二〈一〇七〇〉）は後一条天皇の侍読、大内記、東宮学士、文章博士、従三位。歌人で日野法界寺に薬師堂を建て「日野三位」と称せられた。東宮学士は皇太子に学問をおしえる教師である。資業の子に実家・実綱・実政・良覚がおり、実家は少納言、実綱は大学頭、文章博士で、日野観音堂の本願とされる。

ついで実綱から親鸞の父有範へ血脈をたどると、実綱の子有信（歌人、東宮学士・中宮大進、従四位下）に実光・宗光・資経《すけつね》ら子息があり、実光は鳥羽・崇徳天皇の侍読、参議・文章博士・大宰権帥《だざいのごんのそち》をへて権中納言に昇った。実光の弟宗光は大内記・大学頭・右大弁で、その子経尹《つねまさ》に範綱《のりつな》・宗業《むねなり》・有範らが子息として連なる。

ところで『尊卑分脈』貞嗣系によると、有範らの父経尹は従五位下・阿波権守で、「放埒の人」という註記がある。「放埒」というのは、ほしいままにふるまって酒や女におぼれることとされる。それで経尹をはばかって嫡流から除外して、表向き有範を「有国卿五代の孫」（『親鸞伝絵』）としたようである。

文章がほまれの日野家で身内の恥やそしりを聞いて親鸞は育った。「親鸞」になるまで問いつづけたおしえは、誇りやほまれをきびしく拒むところに開かれたのである。

藤原定家との類縁

ところで、親鸞の父である有範の官職は皇太后宮大進であったと伝えられる。朝廷に皇太后宮職という役所が設置されていて、所属の役人に大夫《たいふ》・亮《すけ》・進《じょう》・属《さかん》の等級がある。そのうち三番目の進を大少に分けて大進・少進という二つの官を設けたのである。大夫は皇太后宮職の長官で、有範のころは藤原俊成が承安二（一一七二）年に正三位で皇太后宮大夫に任じられ、四年後の安元二（一一七六）年に俊成は出家している。親鸞の出生は承安三年であるから、父有範が大進として皇太后宮職にあって親鸞が生まれたころ、藤原俊成が皇太后宮大夫に在職していたとも考えられる。このとき俊成は六十歳、子息の藤原定家が十二歳。なお俊成の兄忠成の子息光能は参議正三位にのぼったが、平家追討の院宣を書いたのが禍いとなり、治承三（一一七九）年に官を解かれている。それに光能の妹三人のうち一人は皇太后宮の宣旨をうけ、次の一人は高倉宮以仁王《もちひとおう》の側室、末の一人は皇太后宮内侍になっている。

そうなると、有範が在職した当時の皇太后宮職は実体がともなっており、仕えた皇太后に相当するのは、仁安三（一一六八）年、高倉天皇即位の翌年、皇太后宣下のあった建春門院平滋子で、彼女は平清盛の妻時子の妹にあたる。建春門院は平氏繁栄の礎を築き、皇太后宮職ははなやいだようである。しかし皇太后宮大夫俊成の身内には、のち平家追討の院宣にかかわったり、以仁王の側室となる者があった。院と公家と平氏の権勢が競りあい、高倉天皇の譲位、安徳天皇の即位のことがあるなかで、治承四（一一八〇）年、以仁王の平家追討の令旨が出される。

藤原定家はこの年六月いらい福原遷都のうごきを日記に記し「世上乱逆、追討耳に満つといえども之を注さず。紅旗征戎わが事にあらず」（『明月記』同年九月）と書いている。定家はこのとき十九歳。藤原俊成父子と日野有範父子とは同じ時勢のなかで境遇が似ていて、よく知りあう間柄であったかも知れない。

二　王朝貴族のたそがれ――親鸞の出家

『方丈記』の風景

親鸞は養和元（一一八一）年、九歳のとき、叔父範綱にともなわれて慈円の白河坊で出家して「範宴《はんねん》」と名のった。父有範は支障があって皇太后宮大進の官をしりぞいていたらしく、のち出家して日野の南にあたる三室戸《みむろと》に隠退、三室戸大進入道と呼ばれた。

日野の地は別荘として藤原家宗が法界寺を開き、のち日野資業らにより薬師堂・観音堂・阿弥陀堂など堂宇が並んでいた。法界寺初代の別当には資業の子息で延暦寺座主慶命《きようみよう》の弟子だった良覚が就いてから、日野家出身の僧が別当職を継いでいる。摂関家藤原頼通の営んだ宇治平等院と並んで日野法界寺にも、みやびやかな伽藍が建ち並び、浄土の荘厳が拝めたのである。

日野といえば『方丈記』を書いた鴨長明が棲んだところである。長明は鴨神社の氏人の家に生まれたが、二十余歳で父をうしない家を継ぐのぞみを断ち、歌道や管絃に親しんだ。五十歳ごろに出家して蓮胤と名のり、日野山の奥に庵をむすんだ。『方丈記』を書きおえたのは建暦二（一二一二）年、六十歳近くである。のち親鸞が師事する法然が流罪をゆるされて京都へ帰って亡くなった年にあたる。親鸞も流罪をゆるされて、そのころ越後にとどまっていた。

長明の仏教信仰は『法華経』を読んで罪根を滅して観念を澄まし、源信の『往生要集』の作法により念仏して往生極楽を願う、臨終に普賢菩薩が白象に乗って現れ、西空の彼方へ迎え導かれるという、平安時代中頃から貴族にひろまった比叡山天台系の浄土信仰である。この方式を伽藍に移し、堂舎をととのえて荘厳をこらしたのが宇治平等院の鳳凰堂や日野法界寺の阿弥陀堂である。これらを別業《べつぎょう》という。財力のある者が非日常の閑静な場所をえらんで仏堂を建て、こころを凝らしたのである。別業など望めぬ長明は日野の奥山の質素な庵に住み、観念を凝らしたのである。

ここ日野の山奥で長明が聞くのは、夏は郭公《かっこう》、秋はひぐらし、猿の声、山鳥・梟《ふくろう》の鳴き声。松のひびきに合わせて琵琶で奏る「秋風楽」、水音に合わせあやつる「流泉の曲」だったという。

南都炎上

日野山の奥に隠れ棲むまで長明が都で何を見てきたか。『方丈記』に生々しく描写されている。長明二十五歳の安元三（治承元　一一七七）年、京都の大火をはじめ、治承四（一一八〇）

年四月の辻風、同年六月の福原遷都、養和元（一一八一）年から翌年にかけての飢饉と疫病、元暦二（文治元　一一八五）年の大地震など。

　安元三年の大火は四月二十八日夜のことであった。火焔は烈風にあおられて都の東南から西北へ燃えひろがり、朱雀門・大極殿・大学寮・民部省など大内裏の主要な殿堂が焼失した。なかでも大極殿は宮中の正殿で、都で最大の建造物であった。母屋九間四面庇付、桁行（幅）五三・八メートル、梁間（奥行）一五・七メートルで、石敷きの基壇の上に建ち、畿内では奈良東大寺大仏殿につぐ規模であった。このたびの大極殿焼失は三度目で、以後再建されることなく廃絶する。三年後の治承四（一一八〇）年四月の辻風につぐ同六月の福原遷都については、定家が『明月記』に記していたが、『方丈記』では次のように伝える。

> 帝より始め奉りて、大臣・公卿みな悉《ことごと》く移《うつ》ろい給いぬ。世に仕うるほどの人、たれか一人ふるさとに残りおらん。官《つかさ》・位に思をかけ、主君のかげを頼むほどの人は、一日なりとも疾《と》く移ろわんとはげみ、時を失い世に余されて期する所なきものは、愁えながら止まり居り。軒を争いし人のすまい、日を経つつ荒れゆく。家はこぼたれて淀河に浮び、地は目のまえに畠となる。

高位高官の人はともかく、低い官職につらなる者に遷都とは難儀なことであった。皇太后平滋子の宮室に大進として仕える有範の進退にも、さわりがあったかも知れない。『方丈記』には記されないが、この年四月、後白河院第二皇子以仁王の名で平家追討令旨が発せられ、源頼政が挙兵する。敗れた以仁王は南都の大衆を頼って奈良へ向かう途中、流れ矢にあたって宇治で戦死する。有範の兄宗業が以仁王の学問の師であることから、王を知る者として宗業が呼ばれ実検に立会ったという。宗業・有範の立場は平穏ではなかったようである。

そのうえ、この年十二月には平清盛の命で重衡の軍が南都の大衆を攻めて東大寺と興福寺の伽藍が焼けた。定家は「官軍、南京に入り堂塔僧坊等を焼くと云々、東大興福両寺すでに煙と化すと云々、弾指すべしと云々」（『明月記』）と記している。『平家物語』になると、「奈良炎上」と題して凄絶な状況を後世に伝えた。焼け落ちた大仏殿二階の上の死者一千七百余人、興福寺八百余人。ある御堂で五百人、またある御堂では三百人、あわせて三千五百余人。戦場で討たれた大衆千余人という。焼けた伽藍の状況は次のように語られる。

> 大仏殿の二階の上には千余人のぼりあがり、かたき《(敵)》のつづくをのぼせじと、橋をばひいてげり。猛火はまさしうおしかけ《(押掛)》たり。おめきさけぶ声、焦熱・大焦熱・無間阿毘《むけんあび》のほのお《(炎)》の底の罪人も、これにはすぎじとぞみえし。（中略）東大寺は、常在不滅、実報寂光の生

身の御仏とおぼしめしなぞらえて、聖武皇帝、手ずからみずからみがきたて給いし金銅十六丈の盧舎那仏《るしゃなぶつ》、烏瑟《うしつ》たかくあらわれて半天《なかぞら》の雲にかくれ、白毫《びゃくごう》新におがまれ給いし満月の尊容も、御くしはやけ（焼）おちて大地にあり、御身はわきあい（鎔合）て山の如し。八万四千の相好は、秋の月はやく五重の雲におぼれ、四十一地の瓔珞《ようらく》は、夜の星むなしく十悪の風にただよう。煙は中天にみちみち、ほのおは虚空にひまもなし。まのあたりに見たてまつる物、さらにまなこをあてず。はるかにつたえきく人は、肝たましいをうしなえり。法相《ほっそう》・三論《さんろん》の法門聖教、すべて一巻のこらず。我朝はいうに及ず、天竺震旦《しんだん》にも是程の法滅あるべしともおぼえず。

（『平家物語』巻五「奈良炎上」）

『方丈記』『平家物語』で法然と親鸞の時代を読むというのは、古い手法のようであるが、読めば今にその世相が鮮烈に伝わる。いくら言葉をつくしても、起きてしまった事態のほどが言葉を超える。

殺戮と飢饉

南都炎上のことは旧暦十二月二十八日夜から大晦日二十九日にかけてのことで、あくる治承五（一一八一）年元朝にかけて詳報が京都へ伝わる。そのなかで正月十四日に高倉天皇が二十一歳の若さで亡くなる。定家は「新院すでに崩御、（中略）心肝摧《くだ》けるがごとし。文王すでに没す、ああ悲しいかな。つらつらこれを思うに、世運之れ尽きるか」と落胆している。宮中では諒闇《りょうあん》といい、没後中陰の仏事も果てぬ間の二月五日に入道前太政大臣平清盛が死ぬ。同十四日には喪中にもかかわらず、平重衡が軍勢をひきいて宇治を出発して源氏を討つため関東へ向かった。父清盛の遺言だったという。兄宗盛は五畿内・伊賀・伊勢・近江・丹波諸国の「惣官」となっていた。平氏は武家政権として、いわば畿内周辺に戒厳令を布いたのである。

治承五年はこの年七月「養和」と改元されるが、春・夏の日照り、秋の大風・洪水などで、全国の作物が実らず大飢饉は二年間にわたり、疫癘《えきれい》が加わって洛中は凄惨な様相をみせた。四月、五月の二ヶ月間で死者四万二千三百人という。歴史に残る「養和飢饉」である。その状況を『方丈記』にくわしく伝えていて、鴨長明の名が後世に伝わるほどである。長明が伝える飢饉の様相は人が飢えて、病み、倒れ、死ぬ姿だけではない。破壊と略奪の様相である。

あやしき事は、薪の中に、赤き丹《に》着き、箔など所々に見ゆる木、あいまじわりけるを尋ぬれば、すべきかたなきもの、古寺に至りて仏を盗み、堂の物の具を破り取りて、割り砕けるなりけり。濁悪世にしも生れ合いて、かかる心憂きわざをなん見侍し。

（『方丈記』）

人がこのうえなく敬い崇めるべき寺の本尊から仏物まで奪い取って薪にして売り、食物の資にする。そんなことを目にしなければならぬのが濁悪の世、心憂きわざだというのである。

親鸞の出家

この年の春、親鸞は出家したと伝えられる。伯父範綱が養父として九歳の甥をともない、白河にある慈円の坊へ赴いたという。範綱は後白河上皇の近臣で、ときに従四位上・前若狭守。このころ比叡山延暦寺に出家して僧となるには、相応の身分出身の証しを要したのであろう。親鸞の出家のいきさつについては「興法《こうぼう》の因うちに萌《きざ》し、利生《りしょう》の縁ほかに催《もよお》し」（『親鸞伝絵』）たという。ここで仏法を興隆し衆生を利益するのが九歳児の決意だったというのではなかろう。

親鸞がのちに浄土真実のおしえを顕わし、念仏往生の道をすすめるのに九十年の生涯をつくした。その恩恵にあずかる者が、ことの起こりを親鸞の出家にたずね、その必然性を改めて問うたのである。

三　延暦寺のうごき――権門の守護

延暦寺の権勢

親鸞が出家した当時の天台座主《ざす》は第五十七世明雲《みょううん》であった。座主というのは大寺の寺務を総括する首座の僧で、延暦寺の初世座主は最澄の弟子義真《ぎしん》である。明雲は権大納言久我顕通《あきみち》の二男で、これ以前にも仁安二（一一六七）年から治承元（一一七七）年まで十年にわたり第五十五世座主に就いていた。この間に後白河院は二度比叡山にのぼり、はじめは根本中堂で七日参籠をとげ、二度目は明雲を師として受戒している。その後明雲は二度目の座主就任で、僧正となり天王寺別当をへて、養和元年十二月に白川六箇寺の別当にも補せられた。

延暦寺は南都北嶺の一雄として鎮護国家の道場として教権をほこり、寺領荘園をひろげ、武装した衆徒をかかえて公家・武家と対等に張りあう一大勢力になっていた。衆徒・神人と称する集団が日吉山王社の神輿をかついで朝廷に強訴《ごうそ》をくりかえすのも明雲座主のころからである。明雲は寿永二（一一八三）年十一月、院御所法住寺殿へ赴く途中で木曾義仲の軍に遭遇して流れ矢にあたって仆《たお》れた。

その後、建仁元（一二〇一）年親鸞が二十九歳で比叡山を下りるまで二十年間、座主の任にあったのは俊尭《しゅんぎょう》・全玄・公顕・顕真・慈円・承仁・弁雅・慈円の順で、慈円はその後も二度まで座主に就任し、無動寺検校・大乗院別当から大僧正となった。慈円は関白藤原忠通の子で九条兼実の弟にあたる。後鳥羽天皇の信任を得て建久二（一一九一）年御所で大熾盛光法《だいしじょうこうぼう》をおこない、元久二（一二〇五）年法勝寺《ほっしょうじ》金堂でもこの法を行っている。大熾盛光法は延暦寺の四個秘法の一で、日蝕・彗星など天変にあたり壇場を設け、熾盛光仏頂を主尊とする曼荼羅をかかげ、日月《じつげつ》・星宿《せいしゅく》に教令して帝王貴族の命運を盛んにする、護国の秘法である。末法の時期ことにすぐれた効能を発揮するとされた。

比叡山は東塔・西塔・横川《よかわ》の三塔にわかれ、鎮護国家の道場として公家の崇敬を集めていた。

不断念仏

出家した親鸞が「範宴」と名のって入ったのは横川であった。その由緒を「楞厳横河《りょうごんよかわ》の余流をたたえて」（『親鸞伝絵』）と伝える。横川は延暦寺の第三世座主慈覚大師円仁により開かれ、首楞厳三昧院《しゅりょうごんざんまいいん》とよばれた。その横川の法流を親鸞が受け継いだというのである。横川が発展したのは第十八世座主良源のときで、観音堂（檜《ひ》皮葺《わだぶき》七間）・楞厳三昧院（講堂、檜皮葺七間）・

妙音院・妙香院・法華堂・常行堂・定心院・如法堂・華台院・霊山院・恵心院・経蔵などが備わっていた。『往生要集』を著した源信は良源の弟子で「首楞厳三昧院沙門」と称して横川恵《え》心院《しんいん》に住した。

延暦寺天台宗の修行は止観業《しかんぎょう》といって、常坐三昧・常行三昧・半行半坐三昧・非行非坐三昧の四種の行法をおこなうのが基本である。そのうち常行三昧（念仏三昧）と半行半坐三昧（法華三昧）を行うのが常行堂と法華堂で、両堂で行法に従事する僧十二名を官より任命する習いであった。両堂は、東塔・西塔・横川の三塔にそれぞれそなわっていた。

常行三昧は不断念仏ともいわれ、九十日を期して、昼夜を分かたず不断におこなうのが基本である。比叡山ではまた別時の行事として中秋八月中旬、月明かりの十一日から十七日まで七日間、不断念仏がおこなわれた。東塔・西塔・横川の三箇所で同時に七日間おこない、あわせて三七日すなわち二十一日になる。僧がつねに堂内をめぐり歩きながら不断に『阿弥陀経』をとなえ、身《しん》・口《く》・意《い》の三業の罪を滅するのである。「もしは一日、もしは二日、もしは三日、（中略）もしは七日、一心にして乱れざれば、その人、命終の時に臨みて、阿弥陀仏、もろもろの聖衆と、現じてその前にましまさん。この人、終わらん時、心顚倒せずして、すなわち阿弥陀仏の極楽国土に往生することを得ん」という経文による。一度でも「南無阿弥陀仏」をとなえれば過去八十億劫につもる罪をも消し、つねに心を西方におくり一日でも善をこころざせば、五逆の重罪をも滅ぼして極楽にうまれるとされる。

法華三昧も常行三昧とおなじように九十日を期しておこなうのが基本であるが、別時の行事としておこなう行法があった。比叡懺法《せんぼう》として知られる。源為憲《ためのり》が永観二年（九八四）に著した『三宝絵詞』によると、比叡懺法は毎年の春夏秋冬すなわち一月、四月、七月、十月の初旬ごとに比叡山で堂僧十二人でもって三七日（二十一日間）の懺法をおこなう。『法華経』普賢勧《ふげんかん》発品《ぼっぽん》により六根の罪を懺悔《さんげ》するもので、天台宗の祖師智顗《ちぎ》はこの懺法によって法華三昧を会得し、さとりが開けたという。それに倣って閑寂なところで三七日これを行うと、普賢菩薩が白象に乗って現れるという。惑い・疑い・穢れ・罪など一切のさわりを懺悔によって除き、こころが明鏡のように開けて仏の境界に入るのである。

堂僧をつとめる

出家して比叡山に入った親鸞が横川で何を学んだかについては『親鸞伝絵』に「南岳天台の玄風をとぶらいて、ひろく三観仏乗の理を達し、とこしなえに楞厳横河の余流をたたえて、ふかく四教円融の義に明らかなり」と記すだけである。言おうとするところは、親鸞が天台の仏教学に精通したということだけである。いわば伝記で大事な「学歴」に関わるところを大まかに述べてくわしく伝えていない。これはおそらく伝記作者の意図だけでなく、親鸞自身もすすんで人に語ろうとしなかったようである。

ところが近代におよんで親鸞の妻恵信尼《えしんに》の手紙（『恵信尼消息』）がみつかり、親鸞の比叡山における事歴の手がかりが得られることになった。それは親鸞が比叡山で「堂僧」をつとめていたというものである。大正十年（一九二一）十月西本願寺宝庫から発見された恵信尼の手紙のなかに、親鸞が比叡山を下りて源空のおしえにあうまでの前段に、

殿（親鸞）の比叡の山に堂僧つとめておわしましけるが、山を出でて、六角堂に百日こもらせ給いて、後世《ごせ》の事いのり申させ給いける（カッコ内筆者）（『恵信尼消息』第三通）

と記されていたのである。親鸞没後に妻恵信尼が娘あてに書き送った手紙の一節で、以下、生前の親鸞のことを思い起こして事柄が精細に述べられている。

ここで「堂僧」を勤めていたという親鸞に会う。堂僧というのは叡山三塔にある常行三昧堂と法華三昧堂に所属し、常行三昧や法華三昧を職務として行う僧である。常行・法華の両三昧は止観行の基本として助成しあう関係にあって、堂僧は両三昧をあわせ行うのが作法だったようである。両三昧の相関性をしめすのは現在も比叡山西塔に伝わる常行堂と法華堂で、両堂は渡り廊下のように橋でつながれていて「にない堂」とよばれる。おそらく親鸞は横川の常行堂

と法華堂に所属して、両三昧をおこなうのを職務としていたのであろう。

親鸞の素養

比叡山三塔にそれぞれ三昧堂が造営され三昧僧十二名が常設されていたわけであるが、当初はこれらの役をつとめる者には、相当の位階・身分の僧が任命せられたようである。たとえば康保五年（九六八）横川楞厳三昧院に設置された常行と法華の両三昧には、伝灯大法師位乗満（年七十一、臈四十）をはじめ、以下伝灯大法師位実照（年三十七、臈七）にいたるまで十二名の僧名が列ねられている。補任は延暦寺宛の太政官牒といういかめしさである。それにともない近江と美濃両国に下知して、自他法界の平等利益のため仏僧供・雑用料米・灯明油などの料を毎年運上するように定めている。いわば当時の三昧僧は官職に列なったのである。そこに「聖僧」「定額僧」の称号はあっても「堂僧」という呼び名は見えない。このとき第十八代座主良源のもと覚運・源信・覚超・院源など英才が集まり、比叡山の最盛期にあたった。摂関家の祖となった藤原師輔が良源と師檀関係をむすび、横川はじめ比叡山の経営を支援したのである。いわゆる王朝国家の時代で摂関家と延暦寺は相互扶助の間柄であった。

親鸞が比叡山を下りたのが建仁元（一二〇一）年二十九歳。横川楞厳三昧院に常行堂と法華堂が建てられ両三昧がはじまってから二百三十年も後のことになる。このころになると横川の常行堂や法華堂に「聖僧」を常置して国から僧供を給するような制は廃れ、両堂に従属する僧を常置して不断念仏や法華懺法に従事させ、それを「堂僧」と呼んだようである。したがって堂僧の身分は伝灯大法師位・年﨟《ねんろう》云々などという厳しいものでなく、若輩下﨟《げろう》にとどまったもののようである。

堂僧の身分が高位でなかったとしても、常行堂と法華堂に奉仕して両三昧に従事する僧となれば、相応の素養をそなえていたはずである。まず天台宗で定める止観業の実践としての四種三昧のうち、常行・法華両三昧を行じる意義。その意義を説く『般舟三昧経』および『観普賢経』などの趣旨を習得する。また懺悔滅罪の実践としての『阿弥陀経』および『法華経』の精読など。しかも常行三昧の『阿弥陀経』読誦は円仁が五台山から伝えた作法により漢音引声といい、独特の読みと音曲をともなっていた。

それに横川常行堂のばあい、堂に阿弥陀如来坐像を中尊とし観音・勢至・地蔵・龍樹の四摂《ししょう》菩薩像を安置する。中尊をめぐる四菩薩の位置関係から教理面の解説、法華堂では白象に乗る普賢菩薩像の意義など、きわまるところ、阿弥陀と法華の懺法により罪を根源から滅して清澄な心を得て仏を目のあたりに観るのである。

第三章

師・源空の至徳

一　源空のおしえ――凡愚・女人のすくい

十五歳で仏門に入る

のちに親鸞の師となる法然房源空《ほうねんぼうげんくう》（長承二〈一一三三〉～建暦二〈一二一二〉）の父は漆間時国《うるまときくに》といい、美作国《みまさかのくに》（岡山県）久米南条稲岡荘の押領使《おうりようし》であった。同荘に預所の源定明《さだあきら》という者がおり、時国に私憤をいだいて夜討ちをかけた。深手を負うた時国はわが子に仇討ちを止め、因果にめざめ生死のきずなを断てといましめて絶命する。源空九歳のときのことであった。

久安三（一一四七）年十五歳になって源空は比叡山にのぼり、西塔北谷の源光の坊で出家した。このことを親鸞はのち「源空三五（十五歳）のよわいにて、無常のことわりさとりつつ、厭離《えんり》の素懐《そかい》をあらわして、菩提のみちにぞいらしめし」（「浄土高僧和讃」）とたたえている。源空はわずか十五歳で「無常のことわり」をさとり、世間をいとい捨てて仏道に入ったという。日ごろ源空みずからよく弟子に語った言葉なのであろう。

源空は延暦寺の天台僧として位階と名誉をきそう、いわゆる名利を捨て西塔北谷の黒谷《くろだに》に隠遁する。黒谷は谷深く訪れる人もまれで、四季おりおり自然の感興があった。それと黒谷の経蔵には一切経はじめ和漢の多くの書物が集められていた。源空はここで慈眼房叡空について密教と戒律を習い、昼夜を分かたず自宗他宗の教義を学び、古今の伝記・記録なども読んだ。源空はまた、天台の作法も修め、源空が法華三昧を修行していると白象が現れたり、『華厳経』を読むと華厳の守護神である蛇が机上にわだかまったという。

しかし天台の根幹である一心三観の修行をもって凡愚の得度は容易でないと知り、嵯峨の清涼寺釈迦堂に罪悪生死《ざいあくしょうじ》の凡夫のたすかる道を祈り、南都法相の学者蔵俊についで醍醐寺の名匠寛雅、華厳の慶雅にみずからの了解をのべて称揚されたという。

浄土宗をひらく

源空が浄土のおしえに目覚めたのはいつだったのか。源空自身が語ったことがある。むかし、どうしたら苦悩の世間から離れられるか、思い悩み寝食もやすらかでなく、長年心労して『往生要集』を読んだ。

それ往生極楽の教行は、濁世末代の目足《もくそく》なり。道俗貴賤、誰か帰せざる者あらん。ただし顕密の教法は、その文、一にあらず、事理の業因、その行これ多し。利智精進の人は、いまだ難しと為さざらんも、予が如き頑魯《がんろ》の者、あに敢てせんや。

この故に、念仏の一門に依りて、いささか経論の要文を集む。

（『往生要集』序）


源空が『往生要集』一部の奥旨はまさしく「念仏の一門」にあると見定めて読みなおしてみると、主文はこれまで言われている第一、二門「厭離穢土《おんりえど》、欣求浄土《ごんぐじょうど》」ではなく、第四門「正修念仏《しょうしゅうねんぶつ》」にあると決着した。それからは黒谷の書庫報恩蔵に入って一切経を五度くりかえし読み、唐の善導『観経四帖疏』（『観経疏』）により極楽浄土へ往生するには罪汚れの多い凡夫もさわりがないと判定された。そこでまた『観経疏』を三度にわたり読みなおし、源空は聖道の教門から脱却して、ふかく浄土宗の真義に到達したという。

こうして源空は浄土往生のおしえを人びとにすすめるため、承安四（一一七四）年、黒谷を出て東山大谷吉水の草庵に移り住むことになった。浄土宗がこのとき外に向けて開かれたのである。源空は四十二歳、親鸞が吉水草庵を訪れるのは、これより二十七年後のことになる。

吉水は東山大谷にあって、祇園感神院の東辺・北斗堂の北側、いまの八坂神社の北東、知恩院境内の一部にあたる。知恩院の敷地と伽藍は大谷禅坊の故地にちなんで、のち徳川家康により寄進されたもので、もちろん源空が居住したころは建てられてはいない。地勢からみると禅坊は東山の麓よりのぼった高台にあり、西に向かって開けて見晴らしがよく都が一望できた。

濁世の時代

東山吉水の禅坊で源空が「往生極楽の教行は、濁世末代の目足なり」という『往生要集』の命題をかかげて念仏をすすめて以来、都は濁世末代の様相をまざまざと見せていった。平氏による武家政権の成立、公家の衰退、後白河院の幽閉、源義仲と義経の上洛、平氏の滅亡、鎌倉幕府の成立、義経の没落と相次いだ。その間に安元三（一一七七）年の大火・治承四（一一八〇）年の辻風・同年の福原遷都・養和の飢饉と疾疫・元暦二（一一八五）年の地震など、これらのことがここ十年間につづいて起きたのである。これら都の重大事件と災害のすべてが源空の吉水移住後のことであり、それらの様相は源空の眼に映り、喧騒は耳にも達したであろう。そのなかで源空は怠りなく経巻・書物に目を通したが、ただ一日だけ木曾義仲が上洛した日には書を読めなかったという。

そして先にみたように、平氏政権の成立とその後に劇変する世にあわせるように、親鸞は日野家に生まれ育ち、比叡山にのぼって青年期をすごしたのである。

兵乱と災害が相次ぐなかで、国家と仏教界にとっての最大事はやはり東大寺・興福寺はじめ南都諸大寺の焼失であった。藤原氏九条家の祖兼実《かねざね》は、日記『玉葉』治承五年正月一日の条に次のように書きとめている。

南京諸寺焼失のこと、悲歎のいたり、喩をとるに物なし。御寺すでに灰燼と化す。氏人存して益なし。俗塵を棄つべきはこの時なり。なお世路に纏わりて、いまだ山林に交わらず。悲しきかな悲しきかな。東大寺は我が朝第一の伽藍、異域無類の精舎なり。いま乱逆の世に当って、たちまち魔滅の期あらわるか。天然の理、人力なんぞ然りとせん。

しかし国をささえる南都北嶺の二本柱の一方が欠けては国家が立ちいかない。東大寺・興福寺とも再建に向けてうごきはじめる。東大寺の再建には播磨・周防・伊賀の国衙《こくが》に命じて別所を置いて用材を運上させ、勧進聖《ひじり》を任命して諸国に費用の喜捨をつのらせた。興福寺には固有の寺領荘園はじめ藤原氏の長者や、氏人ら公家に支援をつのることになった。

そんなある日、京都東山の大谷吉水の禅坊に右大弁《うだいべん》藤原行隆が後白河院の使として源空を訪れ、東大寺造営を推進する大勧進職（勧進聖）に就任するようにうながした。源空は山林にのがれ、ひたすら人に浄土往生をすすめ自ら念仏する身であり、東大寺造営の勧進職など「わが分にあらず」と固辞し、適任者として弟子筋にあたる醍醐寺の俊乗房重源を推挙した。朝廷は養和元（一一八一）年に重源を勧進職に任命して、東大寺造営は国を挙げての事業として動き出すことになる。親鸞が九歳で出家して比叡山に入った年にあたる。

平重衡は父清盛の命により南都を焼き討ちしたあと、一ノ谷の戦に敗れて捕らわれ、東大寺焼き討ちの大罪人として南都へ引き渡される途中で首を斬られた。寿永四（文治元　一一八五）年のことである。そのとき源空が重衡に十念を授けたと伝えられる。その後破損した大仏を鋳造するため都で金銀銅製の調度品を集めて南都へ送った。そのなかに重衡の妻が夫の菩提に喜捨した鏡があったが、炉に入れても溶解しなかったという。東大寺の伝承で、三宝を破壊した罪人とその妻の布施は仏の慈悲にも洩れるとされたのである。あの争乱のあと戦の勝者と敗者の双方に「罪業《ざいごう》」ということが深く刻み込まれていた。

念仏往生のおしえ

東大寺再建の勧進職を辞退して、山林に住して念仏行にはげむ源空は、人に対して往生極楽のおしえをどのように説いていたのだろうか。文治六（建久元　一一九〇）年のころ、源空は重源に招かれて造営中の東大寺大仏殿で中国伝来の浄土変相図や浄土五祖像について解説したことがある。源空は墨染の衣に高野檜笠という何の気負いもない姿で東大寺に現れた。

浄土変相図というのは『阿弥陀経』や『観無量寿経』に説かれる、極楽浄土の様相を大画面に細密に描いた絵図である。そのような図面の解説ができるのは源空しかいなかった。源空のおしえに不審をいだく東大寺や興福寺の学匠たちが、この時とばかり三論《さんろん》・法相《ほっそう》の教義をめぐる難題をたてて問答をしかけたが、源空の返答は明晰でよどみなく、末代の凡夫に生死を出ずる道は、念仏往生しかないと懇切に説いた。東大寺・興福寺の大衆が感動して聞き入ったという。

また源空は同じ文治六年二月ころ請われて東大寺で『無量寿経』『観無量寿経』『阿弥陀経』の講義を行い、これら浄土三部経の講釈本が伝わっている。『無量寿経』のばあい「無量寿経釈　天台黒谷沙門源空記」という標題をかかげ、「正には善導に依り、傍には諸師に依って、并《なら》びに愚懐を述ぶ」と注記して、『無量寿経』を中国浄土教の祖である善導の趣意によって解釈すると表明している。そして経釈を終えたところで、「もし万が一も仏意《ぶっち》に階《かな》う事あらば、願わくは自他倶《とも》に浄土に帰し、菩提において各不退を得しめんが為なり。もし文理において謬《あやま》りあらば、願わくは大衆の御証誠《ごしょうじょう》を仰ぎ、よろしく三宝の照見を憑《たの》むべし。仰ぎ乞う」と結んでいる。

源空が東大寺で行った講義の筆記により後に整理したものであろうか、『無量寿経釈』の構成は首尾よく調《ととの》い、論旨は明快で説得力がある。はじめに経の大意を説明するのに、釈迦が自分本来の浄土を捨てて、この穢土《えど》にあらわれたのは、もとより阿弥陀の浄土のおしえを説いて、衆生を浄土へ導き生まれさせるためである。阿弥陀如来がこの穢土を捨てて、いま西方浄土に在るのは、もとより穢土の衆生を浄土へ導き生まれさせるためである。諸仏の出世と諸仏による浄土のすすめは、すべて衆生の一人ひとりを救い取るためなのである。したがって末世に三途苦難の因果を断ち、六道生死の苦難を離れんと願うなら、浄土門に帰して弥陀の願力をたのめ。これこそ『無量寿経』の趣旨であり、釈迦の本懐であり、阿弥陀仏の選択《せんじやく》本願であるという。

眼前に築き上げられる大仏殿はじめ南都諸大寺の伽藍、北京に展開する華麗な堂塔、南北にそびえる葛城や高野や比叡の峰々。荘厳な仏殿で「明徳」「高僧」によって読誦される莫大な経巻、静寂な林間や清冽な渓流で注がれる精進と祈願。これまで国家はじめ公卿貴族の負託によって営まれた、造寺供養・智慧講説・布施持戒・忍辱《にんにく》精進の果報と利益ははかり知れない。溢れるような善根功徳のなかで、終末濁世のすくいは衆生の一人ひとりを生死の苦難から離脱させる、それには念仏往生のおしえしかない。まさに「立教開宗」である。

「専修念仏」が世間でそれほどやかましく取り沙汰される前のことである。東大寺で説法するとき、源空には「選択本願念仏」の世界が基底から立ち上がっていた。『無量寿経』の四十八願にはすべて「抜苦与楽」を誓うが、とりわけ第十八の念仏往生願には「抜苦」と「与楽」の二意がそなわり、念仏往生により衆生の生死の衆苦が一時に離れ、浄土の諸楽が一念に受けられる。もし衆生が弥陀の誓願にあわなければ、逼迫する生老病死の四苦からどうして離れられるか。

女人成仏のおしえ

女人成仏《にょにんじょうぶつ》のことは、もとより第十八の念仏往生願におさまり、念仏往生の願に男女のへだてはないが、世に女人は障《さわ》りが重いとされる。それで本願を女人に集約して説かなければ疑念を晴らせないからだとして、源空は「五障三従《ごしょうさんしょう》」説について詳述したうえで、顕密仏教が女人を忌避して排除する現実を次のように述べたてている。

比叡山はこれ伝教大師の建立、桓武天皇の御願なり。大師自ら結界して、谷を堺《さか》い、峰を局《かぎ》って、女人の形を入れず。一乗の峰高く立ちて、五障の雲聳《そび》ゆることなく、一味の谷深くして、三従の水流るることなし。薬師医王の霊像、耳に聞いて眼に視ず、大師結界の霊地、遠く見て近く臨まず。高野山は弘法大師の結界の峰、真言上乗繁昌の地なり。三密の月輪普《がつりんあまね》く照らすといえども、女人非器の闇をば照らさず。五瓶の智水等しく流るといえども、女身垢穢《くえ》の質には灑《そそ》がず。これらの所において、なおその障りあり。いかにいわんや、出過三界道の浄土においてをや。しかのみならず、また聖武天王の御願、十六丈金銅の舎那の前、遥かにこれを拝見すといえども、なお扉の内には入らず。（中略）悲しきかな、両足を備うといえども登らざる法《のり》の峰あり、沓《ふ》まざる仏の庭あり。恥ずべきかな、両眼は明らかなりといえども見ざる霊地あり、拝さざる霊像あり。（『無量寿経釈』）

専修念仏ということが諸寺や僧俗のあいだでまだ評判にならない頃としても、東大寺という場所がらで南都の大衆を前に源空が発した言葉は、仏の大悲心に呼び起こされたものとしか思えない。ここにきて源空は『無量寿経』の女人成仏説を善導の解釈を支証として、次のように展開させた。

「乃《すなわ》ち弥陀の大願力によるが故に、女人仏の名号を称えて、正しく命終る時に、即ち女身を転じて男子と成ることを得。弥陀接手し、菩薩身を扶《たす》けて、宝華の上に坐して、仏に随《よ》って往生し、仏の大会に入って無生を証悟す。また一切の女人、もし弥陀の名願力に因らずば、千劫《せんごう》・万劫・恒河沙《ごうがしゃ》等の劫にも、終《つい》に女身を転ずべからず。或いは道俗ありて云く、女人浄土に生ずることを得ずと云うは、これはこれ妄説なり、信ずべからず」と云々。これ則ち女人の苦を抜きて、女人の楽を与える慈悲の御意の誓願利生なり。（同前）

それでは個別の女人に対して源空はどのように教えたのか。源頼朝の妻北条政子や九条兼実の妻北政所《きたのまんどころ》（正室）にあてた源空の手紙が伝わっている。浄土往生のおしえや念仏について疑問にこたえたものである。いずれも相手をうやまう謙譲の言葉でもって懇切に述べられている。

北条政子（二品禅尼）あての手紙は「御ふみくわしくうけたまわり候ぬ」という書き出しで、念仏の功徳についての質問に対する返答からはじまる。「念仏の功徳は仏でも説きつくせず、智慧第一の舎利弗《しゃりほつ》や多聞第一の阿難《あなん》も知りえない。それほど広大な善根を、源空などとても言いつくせない。私は日本に伝わった仏教をずいぶん読み、聞きもしてきた。浄土のおしえについて説く書物もよく学んだ。そのことを一年や二年で述べつくすことはできないが、仰せいただいたから申しあげます」というような具合である。

それにちなんで政子の質問は、御家人で源空の弟子になった熊谷直実や津戸《つのと》三郎は無智な者たちで、（上人は）彼等にはすぐれた行は無理なので、念仏だけをすすめたと聞くが本当なのか、というものである。源空は「たいへんな誤解です。念仏はもとより有智・無智をえらばず、弥陀如来の大願は一切衆生のため、十方衆生のためです。有智・無智、善人・悪人、持戒・破戒、貴賤、男女のへだてはありません」と答えている。

同じことは九条兼実の妻あての返事にも述べられている。そのころ公家や身分の高い識者のあいだで、東国武士の熊谷直実や津戸三郎らは無智なおろか者と知れわたり、源空が無智で愚かなものに限って念仏をすすめるのでないか、という不審を抱かせたようである。九条兼実の妻あて源空の手紙は「かしこまりて申上候。さては御念仏申させおわしまし候なるこそ、よにうれしく候え。まことに往生の行は、念仏がめでたきことにて候也」という書き出しである。まず念仏する兼実の北政所を嬉しくめでたいと誉め、「世のなかには私が真言や止観などすぐれた行のおよばぬ者に、安易な念仏をすすめるという風評があるが間違いである。念仏は弥陀の本願の行、釈迦の付属の行、諸仏の証誠の行であり、往生のみちにはひとえに念仏がすぐれている。ただ弥陀の本願にまかせ、釈迦の付属により、諸仏の証誠にしたがって、おろかな自分のはからいをやめ、ひたすら念仏の行をつとめよ」とすすめ、『往生要集』の「往生の業念仏を本とす」の文をかかげている。

兼実の妻

摂政太政大臣九条兼実の北政所は、従三位藤原季行の女《むすめ》で、兼実に嫁して二男を産んでいる。のちの内大臣良通と太政大臣良経である。北政所は公家の姫君ではあるが「五障三従」の身だった。北政所が源空にあてた手紙には、尼になってみても道心あさくて、病苦になやむ身のなげきを訴えている。源空はそれに答えて次のように述べている。

無常のかなしみは、めのまえにみてり、いずれの月日をか、おわりのときと期せん。さかえあるものもひさしからず、いのちあるものもまたうれえあり。すべていとうべきは六道生死のさかい、ねがうべきは浄土菩提なり。天上にうまれて、たのしみにほこるといえども、五衰退没のくるしみあり、人間にうまれて国王の身をうけて、一四天下をばしたがうといえども、生老病死《しょうろうびょうし》・愛別離苦《あいべつりく》・怨憎会苦《おんぞうえく》の一事もまぬかるる事なし。

(『西方指南抄』下末)

「国王の身をうけて、一四天下をばしたがう」といえば、近くは後白河院政のもと、帝位にあった高倉・安徳・後鳥羽の世代である。九条兼実はそれら世代にあわせて文治元(一一八五)年内覧・議奏公卿となり、翌年摂政に就任、建久二(一一九一)年関白になっている。その妻・北政所となれば女性としてこの上ない身分である。その人の問いに答えて源空は「生老病死・愛別離苦・怨憎会苦の一事もまぬかるる事なし」という。兼実の妻から源空への質問はこのほか、出家して尼になった身の上で尼としてのつとめとは何か、自分のごとき愚かな者が浄土を願うべきか、十方に多くの浄土があるなかで兜率《とそつ》往生が説かれるのはなにゆえか、浄土往生にすぐれた行は何か、往生浄土の法門について何を読むべきか、そのほか浄土往生の肝要を項目をたて、実践に即して詳細に問いかけている。それらの問いに源空は経釈の文言をひき、懇《ねんご》ろにわかりやすく応答する。

そのなかに経文の意味をくわしく問うものもある。たとえば『阿弥陀経』に「一心不乱」とあるが、念仏するとき余分なことを少しも思わず称えられるか、一声念仏する時ぐらいは容易かも知れないが、臨終にそれが可能なのか、などというものである。それについて源空は次のように答えている。

善導この事を釈してのたまわく、ひとたび三心（至誠心・深心・回向発願心）を具足してのち、みだれやぶれざる事、金剛のごときにて、いのちのおわるを期とするを、なづけて一心という候。阿弥陀仏の本願の文に「設我得仏十方衆生至心信楽欲㆑生㆓我国㆒乃至十念若不㆑生者不㆑取㆓正覚㆒」という。この文に至心というは、『観経』にあかすところの三心の中の至誠心にあたれり。信楽というは、深心にあたれり。これをふさね（まとめ）て、いのちのおわるを期として、みだれぬものを、一心とは申すなり。（カッコ内筆者）（同前）

このように源空が北政所の質疑に懇切に答えた長文の手紙が今に伝わる。親鸞が源空の弟子になってのち晩年に書き写した源空の言行録『西方指南抄』に収録されている。

右のように源空が九条兼実の妻にあてた返事をみると、念仏往生のおしえについて、くわしい質疑が交わされている。こうした背景から念仏往生の道を説き述べた抄物がほしいという要望が起こって、源空に『選択本願念仏集』撰述をうながしたようである。『選択本願念仏集』の終わりに源空自ら、おもいがけず関白兼実公の高命により辞退できず、書き述べることになってしまった、御一覧くださった後は壁の底に塗り込めていただきたい、と言っている。『撰択本願念仏集』が九条兼実の要望によって撰述されたことはよく知られているが、その背後に北政所の懇念がうかがわれる。

二　智者のうたがい、愚者の決断——源空との出会い

親鸞の煩悩

ここまで来たところで、比叡山をおりて東山の大谷吉水の禅坊に源空をおとずれる親鸞にあうことになる。時に建仁元（一二〇一）年春、親鸞二十九歳、源空は六十九歳であった。これまで自らの経歴について黙していた親鸞が、自著『顕浄土真実教行証文類』（『教行信証』）に「しかるに愚禿釈《ぐとくしやく》の鸞、建仁辛《かのと》の酉の暦、雑行《ぞうぎよう》を棄てて本願に帰す」と銘記している。親鸞はこの年のはじめ冬まで比叡山横川で堂僧として、杉木立の堂舎で念仏三昧と法華三昧にあけくれていた。夏の宵は杉の木立より空を仰いで不如帰《ほととぎす》の声をきき、冬は火の気のない堂内で床下から迫る寒気にたえ、杉の枝に積む雪が音をたてて落ちるのを見て、二十年の歳月が過ぎていた。このときの親鸞の心境を本願寺第三世覚如は『報恩講私記』で次のように偲《しの》んでいる。

しかれども、色塵声塵《しきじんしようじん》、猿猴《えんこう》の情《こころ》、なお忙《いそが》わしく、愛論見論《あいろんけんろん》、痴膠《ちこう》の憶《おも》い、いよいよ堅し。

断惑証理、愚鈍の身成じ難く、速成覚位《そくじょうかくい》、末代の機覃《およ》び叵《がた》し。よりて、出離を仏陀に誂《あつら》え、知識を神道に祈る。しかるあいだ、宿因多幸にして、本朝念仏の元祖黒谷聖人《くろだにしょうにん》に謁《えっ》し奉りて、出離の要道を問答す。授くるに浄土の一宗をもってし、示すに念仏の一行をもってす。

格調の高い難解な言葉をつらねているのは、親鸞の「聖霊」に対して、その人の悩みを深く思いはかってのことだろう。はじめに「色塵声塵」というのは、我々の五感すなわち色（眼）・声（耳）・香（鼻）・味（口）・触（体）の器官がそなわっていて、欲望により身心を汚染させること。「猿猴の情」は猿のように気の向くまま休みなく動きまわって落ちつかぬ心。それら本能に走りつかわされて忙しい。「愛論」は事物に愛着する迷いから発する不正な言論。「見論」は誤った見解より成立する言説。「覚位」は、煩悩を断じて涅槃の真理をさとり、すみやかに成仏すること。「末代の機」云々は、末世に生まれあわせた資質の低い者にはおよびもつかず、ついに神仏に祈ることになった、というのである。

二度目の出家

覚如の『報恩講私記』についで息男の存覚《ぞんかく》が、同じように報恩講にちなんで親鸞の徳をたたえて『歎徳文』を書いている。そこでも親鸞が比叡山での修行を断念して源空の門人になるまでの思いを次のように記している。

定水《じょうしい》を凝らすと雖《いえど》も識浪《しきろう》頻《しき》りに動き、心月《しんげつ》を観ずと雖も妄雲《もううん》猶《なお》覆《おお》う。しかるに一息《いっそく》追《つ》がざれば千載《せんざい》に長く往《ゆ》く、何ぞ浮生《ふしょう》の交衆《きょうしゅ》を貪《むさぼ》りて、徒《いたずら》に仮名《けみょう》の修学に疲れん。須《すべか》らく勢利《せいり》を抛《なげす》てて直《ただ》ちに出離を悕《ねが》うべし。

ここでも親鸞の内面の悩みを推察して、品格のある言葉で次のようなことが述べられている。清らかな心をなみなみと汲み湛えようとしても、しきりに波風が騒ぎ立ってしまう。澄みきった心の月を観ようとすると、煩悩の雲に隠されてしまう。しかも休みなく継続して励まなければ、時は流れて千年の歳月はすぐ過ぎ去ってしまう。どうして浮き草のようにはかない人の交わりなど貪っていられようか。名ばかりで実のない学問に疲れてはいられない。はやく名利や権勢をなげ捨てて、すぐに世間を離脱して仏の道を求めなければならない。

後半の部分は、人が出家して生死出離を決意した時にだれでも発する、いわば常套語である。しかしここでは前提がちがう。親鸞はすでに出家して比叡山延暦寺で天台仏教を学び、二十九歳にまでなっていた。定水を凝らし心月を観じて止観の境地を得られるように励んでみたが、煩悩の波風や雲霧に妨げられて仏道は遠のくばかり。表向きの学問や名利などに関わってはいられないのである。先にみたように天台宗延暦寺は鎮護国家の道場として権威をほこり、公家と武家に伍して政権と深くかかわっていて、栄達を望んで修行にはげむ僧も少なくなかった。延暦寺にとどまることがかえって道を見うしなわせる。いわば再出家、二度目の出家を決意するところに親鸞は立っていた。

存覚の『歎徳文』によると、親鸞はここで根本中堂の本尊はじめ、延暦寺の末寺・末社の霊場に詣って解脱の道、真実の知識に会うことを祈った。ことに京都の六角堂に足をはこび百日間の祈願をこめたところ、さいわい源空が東山吉水で弥陀の浄土をすすめているのにあえたという。「しかるに愚禿釈の鸞、建仁辛の酉の暦、雑行を棄てて本願に帰す」という言葉に込めた親鸞の思いのほどが偲ばれる。

六角堂参籠と女犯の夢告

これまで比叡山で修行してきた親鸞が京都六角堂に祈願して源空にあうところまで、外部からみた状景しか描けなかったが、ここにきて当事者親鸞およびその同伴者より内部の事情をうかがうことになる。まず親鸞の同伴者で後に妻になった恵信尼《えしんに》の手紙である。大正一〇（一九二一）年に西本願寺宝庫から発見されたもので、親鸞没後に妻恵信尼が娘あてに書き送った一連の手紙である。『恵信尼消息』という。そのなかに親鸞が比叡山を下りて源空のおしえにあうまでの情景が精細に記されている。

「殿の比叡《ひえ》の山に堂僧つとめておわしましけるが、山を出でて、六角堂に百日こもらせ給いて、後世《ごせ》の事いのり申させ給いける」以下の文を和らげて読むことにしよう。

〈訳〉（わたしの夫で、あなたの父であった）殿（親鸞）は以前に比叡山で堂僧をつとめておられたが、山を出て六角堂に百日かけて「後世」を祈られた。九十五日目の夜明け前に聖徳太子の文をとなえて示現があり、後世の助かる縁にあいたいと、法然（源空）上人をたずねてお会いになった。そして六角堂に百日こもられたように、また百日のあいだ、降っても照っても、どのような大事があっても、参上してお訊ねになった。その結果、（法然上人が）ただ後世の事は善人も悪人も同じように、生死の迷いを出る道を、ただ一途に仰せられるのを聞いてこころが決まった。そして法然上人のいらっしゃる所には、人がどのように言おうと、たとい悪道にいらっしゃるとしても、どこまでも上人のおしえに聞きしたがって行くほかに道のない自分であるとまで、思いつめられた。（『恵信尼消息』第三通）

恵信尼の手紙の前段は『歎徳文』に伝える趣意と一致するが、ここで親鸞は六角堂に百日籠って後世を祈ったという。京都六角堂は聖徳太子の創立と伝え、延暦寺の末寺で頂法寺と称し、如意輪観音を本尊とする霊場として知られた。後世というと一般には来世、死後の世界のことであるが、ここでは「生死出ずべ」き究極の道、すなわち「解脱の径路」に通じる。「生死出ずべき道」とは源空が自他に問うた究極のテーマである。また聖徳太子の文をむすんで示現にあずかる、というのは聖徳太子すなわち六角堂の本尊・如意輪観音に祈りとなえ、告文を授かることである。その告げの文が恵信尼の手紙のはじめに書き添えてあったが、失われて今は伝わらない。このとき親鸞が告げをさずかった夢の場面については、親鸞みずから書きとめた「夢の記」に記されていて、それを覚如が『親鸞伝絵』に伝えている。

六角堂の観音菩薩が端正で厳かな容貌で現れ、清らかな白い袈裟を着用して、広大な白蓮華の台座に坐っていずまいをただし、善信（親鸞）に向って告げられた。

行者宿報設女犯
我成玉女身被犯
一生之間能荘厳
臨終引導生極楽

行者よ、宿報によってもし女犯《にょぼん》せんに、
われ玉女《ぎょくにょ》の身となりて犯《ほん》されん
一生の間《あいだ》よく荘厳《しょうごん》して
臨終に引導して極楽に生ぜしめん

そのうえ観音は「これは我が誓願である、その趣旨を一切の人びとに説き聞かせよ」と命じて、夢からさめたという。

右の「行者宿報設女犯」云々の文は四句偈文《げもん》といい、親鸞の妻帯を予告するようであるが、その背景には密教で説かれる如意輪観音の利益がある。その一つに「本尊の王の玉女に変ずる事」という項目がある。その内容は「邪見心をおこして、婬欲熾盛《いんよくしじょう》にして世に堕落すべきに、如意輪われ王の玉女となりて、その人の親しき妻妾として共に愛を生じ、一期生のあいだ荘厳するに福貴をもってし、無辺の善事をつくらしめ、西方浄土に仏道を成ぜしめん。疑いを生ずることなかれ」（『覚禅鈔』）というものである。親鸞が六角堂に参籠して感得した四句偈文にくらべ直截であるが趣旨はおなじである。親鸞と同時代に覚禅という密教僧が編集した『覚禅鈔』に出ていて、そのころ識者のあいだで知られた如意輪観音の利益のようである。

そのころ六角堂は本尊如意輪観音の霊験で知られ、聖徳太子の創立の由緒とあわせて僧俗の崇敬をあつめていた。親鸞はこれまで比叡山横川の僧として仏道に精進してきたが、ひたむきに精進するほど「色塵」に染まり「妄雲」に覆われる身の事実に、六角堂観音の利益を願って百日祈願を決意したのであろう。

源空に謁《まみえ》る

先の『報恩講私記』や『歎徳文』にいう、こころを静めて鏡のように明澄にしようとすると、かえって「色塵・声塵」や「識浪・妄雲」が生じて、邪見をつのらせてしまう。それを浄化して仏道に転化し、極楽浄土に生まれさせるという如意輪観音の利益である。そしてその仏道をすべての人びとのうえに成就させるのが観音の誓願だという。親鸞がかねて祈りをこめて予期した夢の告げのようである。それにしても示唆するところは意味深長で、安易に受け入れられるものではない。それが真に仏道にかなうのか、その意味をおしえに照らして問わなければならない。ひとりで判断するには事は重大である。ここまでおよんでは源空上人の許を訪ねて問うしかない。

ときに建仁元（一二〇一）年四月五日夜寅刻（午前四時）。夢からさめた親鸞は夜明けを待って、六角堂を出て鴨川をわたり東山大谷の吉水の禅坊にかけつけ、源空に会った。この場面を木下尚江は「親鸞が始めて法然に謁した時、両個の間に湧いた感応の如何に強烈であったかを想像することが出来る。此時の親鸞は煩悶疲労の極、既に驕慢な自我を全く投げ出し、恰も渇ける小鹿が水を求めて深い谷間に行き迷う姿であった」と書いた。

また佐々木月樵によると、親鸞は途中で聖覚に出会い、伴われて源空を訪ねた。「（源空の）温乎たる容貌、慈愛深き御語、初めてそのすがたに見、その語に接し給いたる我聖人は、嘗て親なしと思いし子の初めて親に遇いしが如く、語未だ終わらざるに、不思議や日頃の煩悶半ば既に去って、悦びの情俄かに胸に溢れぬ」と描いていた。いずれも『恵信尼消息』をはじめ、親鸞の六角堂参籠や夢告のことなど、よく知られない頃の「創作」である。「煩悶」する親鸞に思いを馳せ、渇いて水を求める小鹿や親をさがす孤児にたとえたのである。しかしこのとき親鸞には明るい光がさしていた。親鸞は源空の説く「善き人にも、悪しきにも、同じように、生死出ずべきみち」（善人も悪人も同じように生死の迷いを出る道）を、ただ一筋に聞き入って源空の弟子になった。

歴史が動く

ここで善人というのは、孝養父母《きょうようぶも》・読誦大乗はじめ布施・持戒・忍辱・精進・禅定《ぜんじょう》・智恵などにはげむ人で、もとより富裕な出家の身のうえである。悪人というのは、不孝者であることは言うまでもない。経文も習わず、慳貪《けんどん》・破戒・瞋恚《しんに》・懈怠《けだい》・散乱・愚癡《ぐち》などに身をまかせる者で、貧賤な在家の存在である。現実には貧しい在家の悪人ばかりである。それでいて数少ない豊かな出家の善人は色情や名利にまどい、みずから生死に閉ざされている。

親鸞は出家の身であった自分をふくめ、善悪・貧富すべての人びとが、へだてなく平等に生死から離脱する仏道に立たせる、という源空のおしえに聞き入り、心底うなずいて確信にふるえた。これからのち親鸞は、源空を「真宗興隆の大祖源空法師」と称して、生涯にわたり尊敬の限りをつくす。源空という大きな存在に親鸞がよく出会ったものである。まさに「そのとき歴史が動いた」のである。

後世になって日本仏教が諸宗派に分かれ、宗派を横並びにして系脈をたどる場面では、浄土真宗の開祖親鸞が浄土宗の開祖源空の弟子になったとか、道元も日蓮ももとは天台宗延暦寺の出身だとかというレベルでしか見えてこない。しかし親鸞の源空との出会いは「宗教改革」であり、社会変革であり、歴史改革であった。それは民衆一人ひとりが「生死」にめざめ、一切衆生の一人ひとりが仏の大悲により救済される局面であった。

三　選択本願の念仏——吉水の親友

往生の平等

『選択本願念仏集』（『選択集』）には、「生死」の問題と、「一切衆生」の救済について懇切に説かれている。たとえば『選択集』巻頭にかかげるのは、中国浄土教の祖のひとりである道綽の『安楽集』の言葉である。

一切衆生は皆仏性あり。遠劫より以来《このかた》、まさに多仏に値《あ》いたてまつるべし。何によってか、今に至るまでなお自ら生死に輪廻《りんね》して、火宅を出でざるや。

源空が提起してみずから問い明かしたのは、一切衆生を救うのが仏のおしえであるのに、どうして今にいたるまで仏のおしえにより人が救われないのか、という問題であった。源空によると、仏のおしえには時代と人間の資質により適不適があり、これまでは適合しなかった。今の世の人に適応するのは阿弥陀仏の大悲心にもとづく本願念仏のおしえしかないのである。

それでは何故に阿弥陀仏が念仏をもって本願とするか。『選択集』第二・本願章には、まず念仏は男女・貴賤の差別なく、行住坐臥をえらばず、念仏は時処も機縁もきらわず、平生も臨終もかかわりなく称えられる。そのうえで次のように述べられる。


念仏は易《やす》きが故に一切に通ず。諸行は難《かた》きが故に諸機に通ぜず。しかれば則ち一切衆生をして平等に往生せしめんがために、難を捨て易を取りて、本願としたまうか。もしそれ造像起塔をもって本願とせば、貧窮困乏《びんぐうこんぼく》の類は定んで往生の望を絶たん。しかも富貴の者は少なく、貧賤の者は甚だ多し。もし智慧高才をもって本願とせば、愚鈍下智の者は定んで往生の望を絶たむ。しかも智慧の者は少なく、愚癡《ぐち》の者は甚だ多し。もし多聞多見をもって本願とせば、少聞少見の輩《ともがら》は定んで往生の望を絶たん。しかも多聞の者は少なく、少聞の者は甚だ多し。もし持戒持律をもって本願とせば、破戒無戒の人は定んで往生の望を絶たん。しかも持戒の者は少なく、破戒の者は甚だ多し。自余の諸行、これに準じてまさに知るべし。

まさに知るべし。上の諸行等をもって本願とせば、往生を得る者は少なく、往生せざる者は多からん。しかれば則ち、弥陀如来、法蔵比丘の昔、平等の慈悲に催《もよお》されて、普《あまね》く一切を摂せんがために、造像起塔等の諸行をもって、往生の本願としたまわず。ただ称名念仏の一行をもって、その本願としたまえるなり。（『選択集』）

念仏の一行だけをすすめるのは、他の仏道修行を閉ざしたり、善行をめざす人を制止するものではないと源空ははじめにいう。『無量寿経』下巻にも「多少に善を修し、斎戒を奉持し、塔像を起立し、沙門を飯食せしめ」云々と善行をすすめている。しかし造像起塔に込める功徳を貧困下賤の立場から相対化するというのは、これまで人の思いもよらぬ事であった。発言の内容は個人の信仰をこえて中世国家の秩序にかかわる。古代国家いらい仏教の主要な流れは大伽藍の造営と造像起塔に終始し、王朝国家から中世国家におよぶまで、広大な伽藍や壮麗な堂塔が競って造営されてきた。焼失した東大寺大仏殿や興福寺伽藍の再建供養が営まれてまだ十年も過ぎていない。先にみたように、源空や親鸞がのぼって仏道修行にはげんだ比叡山延暦寺の三塔十六谷にしても、森厳な山間に壮麗な伽藍が配置され、荘厳な堂宇に仏像が安置されていた。天台宗延暦寺は山にそびえる伽藍仏教そのものであった。しかも延暦寺座主は四天王寺や法勝寺の別当にも就任する例があった。

顕密仏教の荘厳を覆す

たとえば法勝寺は承暦元（一〇七七）年、白河天皇の発願《ほつがん》により京都白河の地に造立供養された。「国王の氏寺」と称される。七間四面瓦葺の金堂は東大寺大仏殿につぎ、堂内には金色三丈二尺の毘盧遮那仏《びるしやなぶつ》を中尊にして各二丈の宝幢・花開敷・無量寿・天鼓雷音の如来像を安置。七間四面瓦葺講堂には金色二丈釈迦如来像・化仏十三体・丈六普賢文殊像各一体、十一間四面瓦葺阿弥陀堂に金色丈六阿弥陀仏像九体と各一丈観音勢至の二菩薩像を安置した。翌年に大乗会を設けて天台三会（北京三会）の一とし、金字五部大乗経と金泥一切経論を書写供養した。

さらに永保三（一〇八三）年、金堂正面に設けた池の中島に八角九重塔を建てた。高さ二十七丈（約八十二メートル余）におよぶ壮大さである。塔内に金色八尺の五智（大日・阿閦《あしゆく》・宝生・阿弥陀・不空成就）如来像を安置し、八方の柱に月輪仏《がちりんぶつ》を描き、扉壁裏に金字経を書写した。

源空が棲む東山大谷の吉水禅坊から白河法勝寺までは北へおよそ一キロ、吉水禅坊から北を眺めると八角九重塔の威容が目前に迫ったはずである。それに源空も親鸞もかつて延暦寺の修行僧であったとき、座主の法勝寺別当の就任や大乗会の論議に招じられる天台僧の栄誉についてよく見聞していた。このような法勝寺の由来とその景観を目のあたりにして『選択集』は書かれている。

法勝寺金堂や八角九重塔の造営はじめ、金泥一切経論の書写供養、南北の碩学を招いての法勝寺大乗会の論議など、造像起塔・智慧高才・多聞多見に相応して目もくらむばかりの善根功徳と思われた。それに対して貧窮困乏・愚鈍下智・少聞少見など、見捨てて振り向きもされない数多くの者たちの境遇である。そのところを阿弥陀如来の平等の慈悲にもよおされ、あまねく一切の衆生が本願の称名念仏の一行をもって浄土へ摂《おさ》め取られるという。顕密仏教の荘厳をきわめる伽藍で構成される法界の基軸が、弥陀の平等の慈悲による一切衆生の救済を明かす選択本願によって覆されるのである。

聖覚との出会い

『選択集』は著者源空に似て、表向きおだやかであるが、時勢をみつめた深い思慮と衆生済度のつよい意志をたたえている。

弥陀如来がむかし決意して法蔵比丘となって修行をはじめたとき、大慈悲心にうながされて、あまねく一切衆生を平等に救い取ろうと誓った。その場合に造像や起塔などを往生の要件とはせず、ただ称名念仏の一行（南無阿弥陀仏）だけをもって本願とした。このように源空は『無量寿経』の趣旨を読み取ったのである。源空は経を文字面ではなく、仏の大慈悲心に即して読んだのである。この源空のおしえに顕密仏教の名匠からも共感し賛同する者があらわれた。その一人が延暦寺の法印聖覚《せいかく》である。
聖覚は座主慈円主催の大懺法院《だいせんぼういん》の供僧に列なるほどの栄誉に与《あずか》りながら、天台の一心三観はじめ三論・法相の学問にみずから限界をさとり、源空の禅坊に通って念仏往生のおしえに聞き入り、源空を阿弥陀如来と同等の師とまで仰いでいた。のち聖覚は『選択集』のこころを和文でわかりやすく述べ『唯信鈔《ゆいしんしょう》』と名づけている。その一節である。

国土（浄土）をもうくることは、衆生をみちびかんがためなり。国土たえなりというとも、衆生うまれがたくは、大悲大願の意趣にたがいなんとす。これによりて、往生極楽の別因をさだめんとするに、一切の行みなたやすからず。孝養父母をとらんとすれば、不孝《ふきよう》のものはうまるべからず。読誦大乗をもちいんとすれば、文句をしらざるものはのぞみがたし。布施・持戒を因とさだめんとすれば、慳貪《けんどん》・破戒のともがらはもれなんとす。忍辱・精進を業とせんとすれば、瞋恚《しんに》・懈怠《けだい》のたぐいはすてられぬべし。余の一切の行、みなまた、かくのごとし。これによりて、一切の善悪の凡夫、ひとしくうまれ、ともにねがわしめんがために、ただ阿弥陀の三字の名号をとなえんを、往生極楽の別因とせんと、（後略、カッコ内筆者）

衆生を極楽に往生させるため特別に資格・条件を定めようとすると、どれを採っても容易ではない。もし孝養父母を採ろうとすると、不孝の者は極楽へ生まれることはできない。当時の社会の上層に列なる天皇・公家・武家であるが、慈円が『愚管抄』にいうように保元の乱（一一五六年）いらい乱世となり武士の世となっていた。父母への孝養はじめ布施・自戒・忍辱など論外で、むしろ世をあげて不孝・逆心・破戒・瞋恚・殺戮にまかせている。寺に集まる学侶・堂衆も純粋な動機の者はすくない。源空も少年のとき父漆間時国が敵に襲われ、遺言により報復を思いとどまっていた。

聖覚が『唯信鈔』を著わすのはよほど後のことであるが、親鸞ははやくから源空のもとで聖覚と知りあい、たがいに敬いあい親しく交わっていた。のちに親鸞は聖覚の『唯信鈔』を何度も書き写して弟子に与え熟読をすすめ、みずから『唯信鈔』にくわしく註釈して『唯信鈔文意』と名づけて弟子たちに読ませている。

『選択集』の重み

親鸞が源空にあっておしえを聞きただしたうえ『選択集』を授けられた意味ははかり知れない。親鸞は主著『教行信証』「化身土《けしんど》巻」に『選択集』について次のような賛辞を述べている。

真宗の簡要、念仏の奥義、これに摂在《しょうざい》せり。見る者諭り易し。誠にこれ、希有《けう》最勝の華文《かもん》、無上甚深《じんじん》の宝典なり。年を渉《わた》り日を渉りて、その教誨《きょうけ》を蒙《かぶ》るの人、千万といえども、親と云い疎と云い、この見写を獲《う》るの徒《ともがら》、はなはだもって難し。しかるに既に製作を書写し、真影を図画《ずえ》せり。これ専念正業の徳なり、これ決定往生《けつじょうおうじょう》の徴《しるし》なり。仍《よ》って悲喜の涙を抑えて由来の縁を註《しる》す。

『選択集』がなければ親鸞が『教行信証』を著わすことはなかった。『教行信証』は『選択集』の中身をひらいて浄土真実の教・行・信・証を骨子にして検証し、重厚に論証したものなのである。

源空が『選択集』を撰述したのは建久九（一一九八）年とも、元久元（一二〇四）年とも伝えられる。後者は覚如の『拾遺古徳伝』の記すところで、それによると『選択集』の成立は親鸞が源空の弟子になって三年後のことである。となると入門した親鸞は『選択集』を執筆する七十余歳の源空のそば近くに仕えたことになる。そのうえ親鸞は明くる元久二年夏、はやくも『選択集』を源空から借りうけて書写している。それと同時に源空の肖像画まで預かって図画し、源空自筆の讃銘を書き与えられている。その讃銘には次のように書かれていた。

もし我成仏せんに、十方の衆生我が名号を称せんこと　下十声に至るまで、もし生れずば正覚を取らじ、かの仏今現に在して成仏したまえり。まさに知るべし、本誓重願虚しからざることを、衆生称念すれば必ず往生を得。（『往生礼讃』）

源空がもっとも重んじた中国浄土教の祖師善導の『往生礼讃』の一節である。『無量寿経』に説く、法蔵菩薩の本願建立と阿弥陀仏の本願成就の文意をあわせたもので、衆生が我が名を十声でもとなえたなら、浄土に生まれるように、その仏の名に功徳が具わらなければ成仏しないと法蔵菩薩が誓った、その菩薩が修行をとげ、現にいま成仏して阿弥陀仏と名のって浄土におわします、かさねての本願の願いに、虚しいなどということは絶対にないと知るべきである、衆生が阿弥陀仏の名を称念すればかならず浄土に往生できると。

善信の名のり

親鸞は源空の弟子になっていらい、「綽空《しやつくう》」と名のっていたが、夢の告げにより「善信」と改名して、その名の字を源空から書き与えられている。「綽空」の二字は道綽《どうしやく》と源空の名より一字ずつ取ったもので、道綽を敬った源空の弟子としてふさわしい。

源空の弟子のなかに信空・証空・行空・源智・源蓮など、「源」「空」の字を借りた者がすくなくない。「善信」が夢の告げによる改名だとすると、以前に親鸞の夢に六角堂の救世菩薩が現れて「行者宿報設女犯」の四句偈文を授けたとき「善信に告命してのたまわく」とあり、「善信この誓願の旨趣を宣説して、一切群生にきかしむべし」と告げている。また親鸞の妻となった恵信尼の消息によると、恵信尼は親鸞のことを「善信の御房」と敬愛をこめて呼んでいる。「善信」の名のりが親鸞の妻帯を予想しているようである。それと「善信」の名は妻帯の身でありながら一生のあいだよく荘厳して極楽に生まれるというおしえを「一切衆生」に示す標識だったのかも知れない。

「善信」の二字は源空の重んじた「善導」と「源信」に由来するようであるが、善導といえば先の『往生礼讃』の文をはじめ『観経疏』の「決定して深く、自身は現にこれ罪悪生死の凡夫、曠劫《こうごう》より已来《このかた》、常に没し常に流転して、出離の縁あることなしと信ず」「決定して深く、かの阿弥陀仏の四十八願は衆生を摂受《しょうじゅ》して、疑いなく慮りなくかの願力に乗じて、定んで往生を得と信ず」など、みずからを罪悪生死の凡夫と思いとって聞く衆生摂受の願力。源信では『往生要集』の「それ往生極楽の教行は、濁世末代の目足なり。道俗貴賤、誰か帰せざる者あらん」「我もまたかの摂取の中にあり。煩悩、眼を障《さ》えて、見ることあたわずといえども、大悲、惓《もの》きことなくして、常にわが身を照らしたまう」など、「善信」の自覚と名のりに深くかかわっている。

生死流転をいかに克服するか

親鸞が源空のもとで学んだのは、建仁元（一二〇一）年入門より承元元（一二〇七）年念仏停止による流罪まで六年間である。その間に親鸞が源空の指南のもとに『観無量寿経』（『観経』）『阿弥陀経』に註釈を記入した原本が西本願寺に伝わっていて、『観無量寿経註』『阿弥陀経註』と称して国宝に指定されている。

この本ははじめに両経の原文を清書したうえ、経の主要な文言について詳細に註釈が書き込まれている。註釈はほとんど善導の著作である『観経疏』を主として『往生礼讃』『観念法門』『法事讃』ほか、一部で曇鸞の『浄土論註』が引かれている。善導のすすめる愚人・悪人の浄土往生の真因を丹精をこめて検証したもので、親鸞のひたむきな探求がうかがわれる。そのなかで際立つのは「生死」「流転」についての註がくわしいことである。

たとえば「生死」について、『観無量寿経』の「地相観」に、心を凝らして浄土の地面を観察すると、八十億劫の生死の罪を除くとか、同経「九品往生」の下品下生に、五逆・十悪をつくる愚人でも臨終に「南無阿弥陀仏」と声に出して十念すると、一念一念に八十億劫の生死の罪を除くと説かれる。そのほか「無量億劫の生死の罪」「無数劫の生死の罪」を滅除することがしばしば説かれる。人間の永劫にわたる生死の罪ということが『観経』の一つのテーマだとすると、善導はそれを自ら身のうえのこととして深く内省して、他の人びとの身のうえにおよぼした。
　このような人間存在としての「生死の罪」を善導が自身のこととして表白したのが『観経疏』玄義分の「帰三宝偈」であろう。

道俗時衆等、おのおの無上心を発《おこ》せども、生死甚《はなは》だ厭《いと》いがたく、仏法また欣《ねが》いがたし。（中略）我等愚痴の身、曠劫よりこのかた流転せり。今、釈迦仏の、末法の遺跡《ゆいしゃく》、弥陀の本誓願、極楽の要門に逢えり。

　それと『観経疏』散善義の説く至誠心・深信・回向発願心の三心のなかの「深心」についての解釈である。深心には二種があるとし、その一は決定《けつじょう》して深く自身はこれ罪悪生死の凡夫なり、曠劫いらい常に没し、常に流転して出離の縁あることなしと信じる。その二は、決定して彼の阿弥陀仏の四十八願をもって衆生を摂受して、疑いなく、おもんぱかりなく彼の願力に乗じて定めて往生を得ると深く信じることだという。
　いわば善導畢生《ひっせい》の課題は人々とともに、生死・流転という現実に目覚め、生死・流転をいかに克服するかであった。その課題を五百年後に濁世末代の「乱世」の日本にかかげ、仏教究極の指標と決したのが源空であった。

親鸞はその源空をほめて『正信念仏偈』に「本師・源空は、仏教に明らかにして、善悪の凡夫人を憐愍《れんみん》せしむ。真宗の教証、片州に興《おこ》す。選択本願、悪世に弘《ひろ》む。生死輪転《しょうじりんでん》の家に還来《かえ》ることは、決するに疑情をもって所止とす。速やかに寂静無為の楽《みやこ》に入ることは、必ず信心をもって能入とす、といえり」とたたえている。「生死輪転の家に還来ること」云々は、『選択集』第八・三心章の「深心とは、謂わく深信の心なり。まさに知るべし。生死の家には、疑いをもって所止とし、涅槃の城には信をもって能入とす」によっているが、この文言は源空が日頃よく口にしていて、親鸞が親しく聞き伝えた言葉であった。

源空への謝徳

かつて源空が存命していたとき、門人たちが師の源空のおしえに感謝する法会を催したことがある。主催したのは右京大夫入道藤原隆信と大和入道藤原親盛で、法会に招いた源空の面前で行われた。藤原隆信は藤原定家の異父兄にあたる人で、歌人で肖像画家としても知られる。母は鳥羽天皇の皇后美福門院の女房加賀で、『明月記』にも隆信の行跡が記されている。隆信は元久二（一二〇五）年二月に六十四歳で没している。隆信はかねて源空のおしえを聞いて得心し、深く源空を敬ったようである。さきに親鸞が源空より借りうけて描いた源空の肖像も隆信の筆であったかも知れない。
師源空の謝徳法会が営まれた年次は不明であるが、隆信が没する前年、源空が『選択集』を著わしたとされる元久元年頃でないかと思われる。このとき法会の導師をつとめ表白文を書いたのが聖覚で、その表白文をのちに親鸞がそのまま自筆で書き写している。あたかも『選択集』の要旨を収録したレジュメのような内容で次の文言ではじまる。

夫《そ》れ根に利鈍《りどん》あれば、教に漸頓《ぜんとん》あり、機に奢促《しやそく》あれば、行に難易あり。まさに知るべし、聖道の諸門は漸教なり、また難行なり。浄土の一宗は頓教なり、また易行《いぎよう》なり。いわゆる真言止観の行、猿猴《えんこう》の情学び難く、三論法相の教、牛羊《ごよう》の眼迷い易し。然るに我宗に至っては、弥陀の本願は行因を十念に定め、善導の料簡は器量を三心に決す。利智精進にあらずといえども専念実に勤め易し。多聞広学にあらずといえども、信力なんぞ備わらざらん。いわんや滅罪の功力《くりき》を論ずれば五逆を称名の十声に消す
（聖覚「表白文」）

源空の唱導した浄土の宗致をこれほど明快にうたったものは、これと親鸞の「浄土高僧和讃」源空讃のほかにないのではないか。聖覚という人の明晰とユーモアが伝わる。「真言止観の行、猿猴の情学び難く、三論法相の教、牛羊の眼迷い易し」などと、よく言ったものである。

猿猴の情というのは、猿のように落ちつかない心、牛羊の眼というのは牛や羊のように締まりのない眼のことである。そのような心と眼を持ちあわせていて、どうして真言止観や三論法相が学べるかというのである。色塵や妄雲に覆われてしまう自分のことである。聖覚がそれらの学にはげむ人をわらうのではない。みずから学んでみてどうであったのか問いかけるのである。

聖覚は表向き顕密仏教の秀才でありながら、内心では深く源空に共鳴していた。聖覚には源空のいう「それ速やかに生死を離れんと欲《おも》わば、二種の勝法の中に、しばらく聖道門を閣《さしお》いて、選びて浄土門に入れ」ということが一番よくわかっていたのではないか。親鸞のいう方便としての聖道権化の法門から浄土の法門への「転入」あるいは「廻入」である。表白文はさらに源空を釈尊の使者、善導の再誕とし、次のようにほめたたえている。

無明長夜《じょうや》の大きなる灯炬《とうこ》なり、なんぞ智眼《ちげん》の闇《くら》きことを悲しまん。生死大海の大きなる船筏《せんばつ》なり、あに業障の重きことを煩わんや。ここに法主（藤原隆信）、幸に上人（源空）の化導に依て大いに彼の本願を信じ、浄土往生敢て疑いを残さず。弥陀の来迎ただ専ら憑むべきものか。あに図りきや悠々たる生死今生を以て最後と為し、漫々たる流転此の身を以て際限と為せんということを。つらつら教授の御徳を思えば実に弥陀の悲願に等しきものか。骨を粉にしてこれを報ずべし、身を摧《くだ》きてもこれを謝すべし。（カッコ内筆者）

（聖覚「表白文」）

親鸞はのち「正像末和讃」に「無明長夜の灯炬なり、智眼くらしとかなしむな、生死大海の船筏なり、罪障おもしとなげかざれ」「如来大悲の恩徳《おんどく》は、身を粉にしても報ずべし、師主知識の恩徳も、ほねをくだきても謝すべし」と歌っているが、もとは源空生前の謝徳法会に導師聖覚が源空にささげた言葉である。それにしても「悠々たる生死今生を以て最後と為し、漫々たる流転此の身を以て際限と為せん」とは、明快で情理をつくした言葉である。

さらにのち、晩年の親鸞は源空のおしえにより開けた浄土真宗の世界の生態系ともいうべき構造を本に著わす。『尊号真像銘文《そんごうしんぞうめいもん》』という。それは久遠劫における本願成就いらい、インド・中国・朝鮮・日本にわたる救済の歴史を図像により展望したもので、阿弥陀仏はじめ龍樹・天親・曇鸞・善導・聖徳太子・源信・源空におよぶ教えの相伝が明示される。そのなかで親鸞直近の明師である源空を称讃するのに、隆寛と聖覚二人の言葉をえらんで銘文としている。その聖覚の言葉が「夫れ根に利鈍あれば、教に漸頓あり」にはじまる、聖覚の「表白文」なのである。

第四章

念仏批判と停止

一　北嶺の怒り

末法の世に、浄土門より入れ

　この国が乱逆の世になって半世紀。国王はじめ公家の一族が、父子兄弟のあいだで反目し、怨をいだいて憎みあい、武家の介入をまねき洛都が戦場になった。戦はひろがって西は長門から九州、北は陸奥におよんだ。そして長くとだえていた死刑が復活し、罪科の名のもとに無残な報復がくりかえされた。

　出家の世界である南都の興福寺と北嶺の延暦寺も、源氏と平氏の対立抗争にまきこまれ、伽藍を焼討ちされ衆徒が血を流した。出家といいながら世を捨てるどころか名利が目的になっていた。そのうえ比叡山では堂衆と学生《がくしょう》が反目しあい、延暦寺と園城寺《おんじょうじ》が対立して放火から合戦におよんでいる。また興福寺と延暦寺は末寺の清水寺と祇園感神院支配をめぐり、しばしば争ってきていた。そこへもって襲ったのが京洛の大火と突風と飢饉と疫病と地震である。

　世が悪道の様相に変じたのか、悪道が世の様相を変えたのか。まさに末法濁世・五濁悪時・

悪世界である。源空も乱世に父親の横死にあい出家した身であった。仏教の学びを深めるほど生死・流転の身ということに目覚めた源空は、世の人びととともに男女貴賤のへだてなく、一念の念仏により平等に浄土往生すべき道をたずねあてた。今のとき人が仏道に入り、仏の慈悲にあずかるなら浄土に導かれるおしえしかない。そう確信した源空は自ら念仏をとなえ人にすすめた。

それ速やかに生死を離れんと欲《おも》わば、二種の勝法の中に、しばらく聖道門を閣《さしお》いて、選びて浄土門に入れ。（『選択集』）

源空のすすめが伝わり、東山吉水の禅坊に人びとがつめかけておしえを聞き、源空にならって念仏をとなえる声が高まった。はじめは源空が「十念」をすすめ、念仏を声に出して十遍となえたものであろう。『無量寿経』に仏が十方衆生に「乃至十念」とすすめている。それにより源空は念仏をとなえる一声一声のこころを懇切に説いたのであろう。まわりに集まって聞く人びとは出家と在家の別なく、男女貴賤のへだてはなかった。源空の弟子に列なり法名を授かる者も少なくなかった。

我も人も事態は緊急を要する。すがた形や行儀・作法に身心をわずらう暇はない。仏のすすめを身に聞いて、今ここで念仏を申せという。妻子を帯し酒肉を好み、無智で経も読まず、貪《とん》欲《よく》や瞋恚《しんに》にあけくれる者の言ではない。一心金剛の戒師とまで仰がれ、精進このうえなく、智慧ならびなく、柔和忍辱の人と称される源空のすすめだから、人が信じて聞き入ったのである。

源空のすすめる専修念仏がひろがると、弟子のなかに「専修念仏」の名のもとに事を仏の本願によせて、思いのままの言動におよぶ者があった。みずからの破戒・無智・懈怠を仏と師の名のもとに正当化するのである。

七箇条制誡

源空の門弟側の伝承である『法然上人行状絵図』によると、念仏批判のはじまりは「(源空)上人の勧化、一朝にみち四海におよぶ。しかるに門弟のなかに専修に名をかり本願に事をよせて、放逸のわざをなすものおおかりけり。これによりて、南都北嶺の衆徒念仏の興行をとがめ、上人の化導を障碍《しょうげ》せんとす」(第三十一巻)という。非難の的は源空の一部の弟子たちの驕りや放逸、無思慮な言動に向けられたとするのである。

それで南都北嶺から念仏批判の声がおこり、元久元(一二〇四)年の冬のころ、延暦寺大講堂に三塔の衆徒が専修念仏の停止を座主真性に訴えた。真性は以仁王の息男で後白河院の孫にあたる。源空は比叡山での念仏批判のことを聞き、延暦寺衆徒をなだめ、弟子の無思慮な言動をいましめるため、七箇条の起請文（誓約書）を書き、弟子たちに署名をもとめて座主真性に提出した。「七箇条制誡《しちかじょうせいかい》」といい、案文が京都嵯峨の二尊院に伝わっている。「普く予が門人と号する念仏の上人等に告ぐ」と題して、各条の主旨はおよそ次のようである。

一、一句の文意も理解しないで、真言止観を非難し、他の仏菩薩を謗ってはならない。
一、無智な者が、有智の人や別の仏道にはげむ人に論争をしかけてはならない。
一、愚癡の身でありながら、別の仏道にはげむ人を嘲笑し修行を止めさせてはならない。
一、念仏に精進はないと酒肉をすすめ、本願には悪もゆるされるなどと言ってはならない。
一、教えの是非もわからないで、根拠もない説をたてて論争してはならない。
一、愚鈍の身でありながら、唱導をこのみ正邪の弁《わきま》えもなく無智の人を導いてはならない。
一、仏教にもない邪洪を説きながら、師匠の説だと偽ってはならない。

これら禁止条目をかかげて源空は終りに起請の趣旨を次のように述べている。

〔訳〕これまで念仏をすすめて三十年のあいだ、弟子たちは念仏して聖教の趣旨をよく諒解して、人心にさからったり世間を騒がせることはなかった。しかしここ十年来は無智不善のやからが折々おとずれ、弥陀の浄土の正業をそこない、釈迦の遺訓をけがしている。詳しいことは述べられないが、これら条目にしたがい謹しんで犯してはならない。もし背く者があれば源空の門人ではない。魔の眷属《けんぞく》であるから二度と草庵に来てはならない。

元久元年十一月七日

沙門《しゃもん》源空（花押）

（「七箇条制誡」）

以下源空の署名につづいて、同月七日から九日まで三日間にわたり、信空・感聖・尊西・証空・源智らを筆頭に弟子百九十人の署名が連ねられている。署名はすべて自筆の僧名で、名の字のうえに「僧」と記しているのもある。三年後の念仏停止の院宣により死罪になった西意《さいい》・住蓮・（安楽房）遵西の名は初日にみえ、源空とともに流罪になった証空・幸西・行空《ぎょうくう》・親鸞も署名している。

親鸞の署名は二日目にあたる十一月八日の七番目に「僧綽空」とあり、九番目に「蓮生」こと熊谷直実の名がみえる。なお、親鸞が晩年に書写した源空の言行録『西方指南抄』にこの「七箇条制誡」を写しているが、そこでは自分の名を「善信」と書いている。親鸞が源空の要望により弟子の一人として起請文に名を連ねるうえは、表向き延暦寺の配下源空の弟子であることを表示して起請文の原本に「僧綽空」と書き、後の世にみずからの事跡を残すには、いわれの深い「善信」と記したのであろう。

専修念仏批判の火種

源空は生涯にわたり比叡山黒谷の沙門と名のり、行儀作法も天台宗の規範を厳につつしみ乱すことはなかった。東山吉水の源空の禅坊に集まり、法名を名のる弟子にも出家して延暦寺に属する者が少なくなく、表向き吉水の禅坊というのは延暦寺派出の別所・草庵の趣きだったようである。源空を「別所聖《べっしょひじり》」とみる向きもある。

東山ばかりでなく洛西の栗生・嵯峨、洛北の紫野・石蔵の周辺にも葬場・墓地にちなんで別所・草庵があり、天台系の聖たちが住んでいた。

彼等は「三昧聖《さんまいひじり》」ともよばれ、葬送や墓所の管理にたずさわった。六角堂や革堂《こうどう》など洛中の霊場や洛外の葬場・墓地に人があつまり、聖が霊験や鎮魂にかかわり、『法華経』や念仏による滅罪を説くかぎり、延暦寺衆徒は歓迎こそすれ妨げることはなかった。ところが東山吉水で説かれる聖の話は霊験や鎮魂をこえ、生死流転の一切の罪悪の凡夫が本願の念仏により平等にすくわれるという。これまで思いもかけなかった躍動する仏の慈悲の発現に、洛中洛外から男女貴賤が群がり集まり、荘厳な伽藍でのいとなみに畏敬の念をいだかなくなるとすれば、延暦寺は面目をうしなう。

源空のすすめる専修念仏について、まず比叡山の衆徒のあいだで非難がおこり、座主に念仏停止を訴えたのは、東山吉水の禅坊と源空の門下に集まる者たちを比叡山の配下とみなしてのことであった。源空がしたためた「七箇条制誡」の趣旨は、専修の念仏者たちは心底に無智・愚癡・愚鈍の身という思いをつらぬき、独りよがりな考えで別解別行すなわち、念仏とは別の仏道にはげむ人を非難したり、論争をしかけてはならない。それは天台宗延暦寺の宗門への配慮であり、真言止観など念仏とは別途の立場にある学業や修道、およびそれら師弟関係の尊重である。それらに対する専修念仏の学業と修道のありかた、および誤解を受けやすい念仏者の唱導や言動のいましめであった。総じて本寺の真言止観の法門に対する謙譲と尊敬をうながしたものである。

「七箇条制誡」とそれに連なる弟子たちの名簿の提出により、延暦寺大衆のうごきは言わばお家の事情として、このたびは内輪でおさまった形である。しかし専修念仏批判の火種はこれ以後、事につけ理につけ絶えることはなかった。

二　南都の訴え——興福寺奏状

八宗の同心、朝廷の審議

延暦寺大衆が専修念仏の禁止を座主に訴えた翌元久二（一二〇五）年十月、今度は奈良興福寺の僧綱《そうごう》・大法師という顕官の名のもとに朝廷に奏状が出された。源空のすすめる専修念仏のあやまり九箇条をあげて糾弾するものである。さきの延暦寺衆徒の念仏非難が、おもに念仏者の行状や品行にかかわる事がらであったが、興福寺の奏状は「八宗同心」といい、法相・三論など南都六宗と天台・真言の平安二宗の八宗が同心して、専修念仏の非法を朝廷に訴えるかたちをとっている。

起草者は興福寺の貞慶とされる。「興福寺僧綱大法師等、誠惶誠恐謹言。殊に天裁を蒙り、永く沙門源空勧むるところの専修念仏の宗義を糾改《きゆうかい》せられんことを請うの状」と題して、九箇条の条目をかかげ「奏状」にふさわしく言葉を厳かにととのえて述べたてている。次にその条目ごとに糾弾している内容をカッコ内に要約してみよう。

第一、新宗を立てる失（法相・天台など八宗はこれまで勅許により開かれているが、源空は私に念仏宗を立てている）
第二、新像を図する失（「摂取不捨曼荼羅」と称する不可解な絵像を用い、念仏者は仏の光に浴し、法相・天台・真言などの行者には光がおよばないで、途中で折りかえしたりしている）
第三、釈尊を軽んずる失（阿弥陀仏だけを崇拝して仏教の祖である釈迦や諸仏を軽んじる）
第四、万善を妨げる失（読誦大乗や造塔造像など功徳・善根を無益だとわらう）
第五、霊神に背く失（興福寺や延暦寺でうやまう春日社や日吉社など神々をあがめない）
第六、浄土に暗き失（念仏以外の諸善・諸行をしりぞけて浄土の教を知らない）
第七、念仏を誤る失（口称念仏のみで、観念や心念の念仏を排除する）
第八、釈衆を損ずる失（戒律を大切にせず、仏法を滅している）
第九、国土を乱る失（王法仏法の原理がそこなわれ、護国の理念がうしなわれる）

興福寺奏状が出されたのは、後鳥羽院の院政下で土御門天皇が在位、摂政は藤原良経であった。朝廷では奏状の内容を吟味して審議しなければならない。さしあたり摂政の藤原良経と蔵人頭であった三条長兼が衝にあたることになった。良経の父であり前摂政の九条兼実も憂慮して事に関わることになった。兼実は源空のおしえにより専修念仏を信じ、源空を戒師として受戒までしていた。

朝廷としては奏状の内容を吟味して興福寺側の真意を確かめなければならない。それに事は学徳ともにすぐれ人に慕われる源空とその念仏往生のおしえにかかわる。興福寺はじめ八宗の訴えだからとして、裁断をくだすには慎重でなければならない。源空と弟子の方でも怠状（詫状）を出すとのうわさもあり、その真偽や表裏をめぐり審議が紛糾した。興福寺側では折につけ事に寄せて裁決を迫り、朝廷はどのように裁決を下すか、宣下・口宣の内容について勘案したようである。後鳥羽院も慎重で処断を急がなかったとみられる。

醜聞による急転回

ところが思いがけない事態により局面が変わった。

建永元（一二〇六）年一二月に後鳥羽院が熊野詣に出かけたあと、上皇の不在中に院の女房が源空の弟子のもよおす別時念仏の六時礼讃に出向いて出家することがあった。それをスキャンダルがらみで悪くいいふらす者があって、熊野から帰った上皇の耳に入った。それで、翌建永二（承元元　一二〇七）年二月に念仏停止の裁断がくだり、住蓮・安楽らが死罪に処せられることになった。にわかに厳しい処分が行われたものである。『愚管抄』には著者慈円の見た事件の推移と結末が次のように述べられている。

〔訳〕建永の年ごろ、法然房という上人がいた。すぐ近くの洛中を棲みかにして、念仏宗を建て専修念仏と称し、「ただ阿弥陀仏とばかり唱えるべきである。そうでない顕密の勤めなど行ってはならない」と言い出して、正体のわからぬ愚癡無智の尼入道たちに受け入れられてよろこばれた。このことがさかんになり世に繁昌して興行するようになった。そのなかに安楽房という、もと高階泰経入道につかえた侍で出家して専修念仏の行人になった者がいた。その者が住蓮と一緒に組んで「六時礼讃」は善導和上の用いた行だと盛りたて、尼たちに帰依渇仰《きえかつごう》する者が出るようになった。それらが余りに言いはやされ、「専修念仏の行者になれば、女犯を好むも魚鳥を食うも、阿弥陀仏は少しもお咎めにならない。一向専修の仲間になって念仏だけ信じさえすれば、かならず臨終に迎えたまうぞ」といって、京も田舎もこのような状況になって行った。そのおり、院小御所の女房伊賀局が仁和寺の御室の道助法親王の母（坊門局・後鳥羽院の女房）と一緒になって専修念仏を信じて、ひそかに安楽房などという者を呼びよせ、念仏の法門を説き聞かせようと、仲間を同行させ夜さえ泊めさせることがあった。あれこれ言葉で云い尽くせないことで、終に安楽と住蓮は頸を切られ、法然上人は京都の中に居られないように流して追い出されてしまった。

（『愚管抄』巻第八・土御門）

顕密仏教の領袖ともいえる慈円の立場からすると、源空の専修念仏のすすめなど好ましいことではなかった。念仏停止により、かつてない僧侶の処刑ほどの事態におよんでも「とかく云うばかりなくて、終に安楽・住蓮頸きられにけり」と、こともなげに言ってのけている。源空の一門に善信という者がいて、同罪で越後に流されたことを慈円が知らぬはずはない。永くとだえていた死刑が保元の乱で復活し、このたびの事件で僧の身におよんだのである。

慈円はこれ以前に天台座主をつとめ、以後にも座主に就任して、王法の衰退という深刻な危機感のなかで大懺法や勧学講を開設して王法・仏法のため祈願を凝らしている。慈円には顕密僧としての自負と責任感があった。その後も比叡山大衆が「魚鳥女犯の専修念仏」ということで、源空門人と称する空阿弥陀仏（空阿）を追及して、念仏非難は止まることがない。慈円によると源空の弟子たちにより誤った念仏が世に行われるのは、仏法の滅びる前兆であり「天魔」の所為なのであった。

承元の念仏停止、その本質とは

このように承元の念仏停止といわれる事件の経緯をたどると、南都北嶺の顕密仏教側の念仏批判と、源空門徒の専修念仏の信条とは論点がかみ合わないで、国家仏教の建前や理念、それに源空の弟子の行状や風儀に議論が終始して、本質論が置きざりにされたようにみえる。承元の念仏停止という事件の被告人の立場から、事件の本質を仏道の得失、論点を衆生救済の成否にあると見据えて究明したのが親鸞である。その帰結が『教行信証』であり、親鸞はこの事件の本質と論点を浄土真実の教・行・証が顕彰される場、道理の自証ととらえていた。

「興福寺奏状」の第一条に「新宗を立てる失」をかかげ、法相・三論・大台はじめ八宗は歴世勅許により開宗されているが、源空は私に念仏宗を立てると非難していた。しかし源空はそれより十五年前に東大寺で『無量寿経』を講義した席で、この末世において念仏往生により「横《よこざま》に五悪趣を超截す」と説く『無量寿経』の趣旨を「立教開宗」と宣していた。源空が新宗を立てたのではない、仏の本願により新宗が開かれていたのである。

親鸞は源空の意をうけて後に『教行信証』を著わすが、その冒頭に「真実の教を顕さば、すなわち『大無量寿経』これなり」と宣し、「如来の本願を説きて、経の宗致とす。すなわち、仏の名号をもって、経の体とす」(『教行信証』「教巻」)と断じている。そして同書「化身土巻」末の「後序」にいう。

竊《ひそ》かに以《おもん》みれば、聖道の諸教は行証《ぎょうしょう》久しく廃《すた》れ、浄土の真宗は証道いま盛《さかり》なり。しかるに諸寺の釈門、教《きょう》に昏《くら》くして真仮《しんけ》の門戸を知らず、洛都の儒林《じゆりん》、行《ぎょう》に迷《まど》うて邪正《じゃしょう》の道路を弁《わきま》うることなし。ここをもって興福寺の学徒、　太上天皇　諱尊成《いみなたかなり》、　今上　諱為仁《ためひと》　聖暦承元丁《ひのと》の卯の歳、仲春上旬の候に奏達す。　主上臣下、法に背《そむ》き義に違《い》し、忿《いかり》を成し怨を結ぶ。

これに因って、真宗興隆の大祖源空法師《ほつし》、ならびに門徒数輩《すはい》、罪科を考えず、猥《みだ》りがわしく死罪に坐《つみ》す。あるいは僧儀《そうぎ》を改めて姓名《しょうみょう》を賜《たも》うて、遠流《おんる》に処す。予はその一なり。しかればすでに僧にあらず俗にあらず。このゆえに「禿《とく》」の字をもって姓《しょう》とす。空師ならびに弟子等《ら》、諸方の辺州に坐して五年の居諸《きょしょ》を経たりき。　（『教行信証』後序）

親鸞が『教行信証』を著わすのは流罪を赦されてのち十五年後の五十歳すぎのころであるが、右の記録は承元の念仏停止で師の源空とともに流罪に処せられた被告である親鸞の証言である。親鸞は思いをこめて「竊かに以みれば」という。法相・三論・真言・天台など、聖道の諸教は行証ひさしく廃れ、源空のとなえる浄土の真宗は証道いま盛なりと。外見からすると逆であろう。荘厳な伽藍、そびえたつ大塔、金色の仏像、盛大な法会、それらを支える寺領荘園と大衆。それにくらべ源空の浄土の真宗は各地に念仏者が広がるにしても、東山吉水の草庵に念持仏ほどの弥陀三尊像を据え、集まる男女は日におよそ数百人にとどまるだろう。どうみても聖道門の仏教が圧倒的に優位なのである。どうして聖道の諸教は行証ひさしくすたれ、浄土の真宗は証道いま盛などと言えるのか。

仏教コスモロジーの転換

そこにはこれまでの仏教に対する見方を根本から改め、衆生一人ひとりを実質に救済する原理への転換があった。それは仏教の世界観・コスモロジーの創出にかかわる問題提起で、それを親鸞が源空とともに担い、源空の意思をはかって論証したのが『教行信証』であった。

なるほど顕密に代表される聖道仏教の建前とおしえは立派である。しかしそのおしえは現実に生きる多くの人びとの支えになっているのか。源空のおしえは人びとに念仏をうながし、一人ひとりをいま仏道に立たせる。源空のとなえる浄土真宗こそ真実の救済である。親鸞はそのことを源空の弟子になって「雑行を棄てて本願に帰す」と決着していた。しかし聖道の顕密諸寺の僧たちは、おしえの根底にある仏のこころを読みとれない。そのため念仏が仏の真実のこころであり、いまとなっては聖道の修行というものは真実の念仏にめざめさせるための手段であるということに気づけない。

それに朝廷につかえる明法道や文章道の学者たちは、自らの判断の基準や法理に明らかでなく、邪と正の弁《わきま》えもつかない。このようなことから、興福寺の学徒が建永元（一二〇六）年二月上旬に太上天皇の後鳥羽院と今上土御門天皇に奏上して念仏禁止を訴えたのだ。主上すなわち天皇はじめ臣下の役人たちが「法に背き義に違し、忿を成し怨を結ぶ」とは激越な言葉に聞こえる。しかしこの言葉は親鸞の私憤より出て感情まかせに発せられたものではない。『無量寿経』に「主上、明らかならずして臣下を任用す。臣下、自在にして機偽《きぎ》端《は》多《し》し。度を践《ふ》みて能《よ》く行いてその形勢《ぎょうせい》を知る。位《くらい》にありて正しからざれば、それがために欺かる。妄《みだ》りに忠良を損じて天の心に当たらず」（下巻・五悪段）により言葉を起こしていた。

親鸞のゆるがぬ信念は善導の言葉にも支えられていた。

世尊の説法、時まさにおわりなんと、慇懃《おんごん》に弥陀の名を付属したまう。五濁増の時に疑謗《ぎぼう》するもの多くして、道俗相嫌いて聞くことを用いず。修行するものあるを見て、瞋毒《しんどく》を起し、方便破壊《はえ》して競いて怨を生ぜん。（『法事讃』）

世尊の説法がまさに終わるとき、今いよいよ末法濁世の世となった。衆生究極の救いである念仏のすすめを、当座の怒りにまかせて禁止して、真宗興隆の大祖源空法師と弟子を処罰したのは、仏法の因縁と世法の条理に照らして非理・非道であるという。それはまた親鸞が『教行信証』で論証する浄土真実の教行証により検証されるところでもあった。

三　死罪・流罪

厳しい罪科

念仏者の処罰は過酷であった。源空の門徒数名は罪科を考えず、みだりがわしく死罪に、あるいは還俗《げんぞく》させられて俗人の名前で遠流《おんる》に処せられた。親鸞もその一人で、師とその弟子とともに諸国の僻地に流されて五年の歳月をすごすことになった。ときに源空は七十五歳、親鸞は三十五歳。なお親鸞ははじめ死罪と沙汰せられたが、日野家の縁戚につながる六角中納言親経《ちかつね》のとりなしで罪一等を減じて遠流に定まったとされる（『拾遺古徳伝』第七巻）。ところで『歎異抄』には、このとき処罰された経緯と死罪・流罪に処せられた人名が親鸞の言い伝えとして書きとどめられている。

後鳥羽院の御宇《ぎょう》に法然聖人が他力本願念仏宗を興行した。それを興福寺の僧侶が憎んで奏上したうえ、弟子のなかに種々狼藉があるといわれ、無実のうわさにより罪科に処せられた。その人数はという書き出しで、弟子七人が流罪、四人が死罪にされたと記している。源空は土佐国番多という所へ流罪、罪名藤井元彦男云々　生年七十六歳。親鸞は越後国、罪名藤井善信云々、生年三十五歳。浄円房は備後国、澄西禅光房《ちょうさいぜんこうぼう》は伯耆国《ほうきのくに》、好覚房は伊豆国、行空法本房《ぎょうくうぼうほんぼう》は佐渡国、幸西成覚房と善恵房の二人は遠流となるが、無動寺の善題大僧正が申しあずかった。遠流の人びとは以上八人である（同右）。

死罪に処せられた人びとは、一番に西意善綽房《さいいぜんしやくぼう》、二番に性願房《しょうがんぼう》、三番に住蓮房、四番に安楽房。いずれも二位法印尊長の沙汰であった。親鸞は僧の儀を改めて俗名を賜わった。したがって僧侶でもなければ俗人でもない。そういう次第でみずから「禿《とく》」の字をもって姓として奏聞した。親鸞が「愚禿」と名のって差し出した申状は今も官の外記庁に保管されている。そのように記したあとで「流罪以後愚禿親鸞と書かしめ給うなり」とあるから、流罪に処せられた親鸞がみずから書きとどめた記録によったものとみられる。

配流の国々は土佐・越後・備後・伯耆・伊豆・佐渡など、いずれも遠国である。九条兼実は老齢の源空に土佐国とは過酷であるとかばい讃岐の所領塩飽庄《しわくしょう》に留めたとされる。死罪に処せられた四人の処刑地は、西意善綽房は摂津国、性願房・住蓮房・安楽房はいずれも近江国馬淵だったという。

流刑八人、死罪四人という厳しい処分に門弟が動揺し、あわただしいなか吉水の禅坊で源空が一人の弟子に専修念仏の義について語りかける。すると西阿が前にすすみ出ていう。「このような折に、そのようなことは止められては」。源空が問いかける。「汝は経釈を読まれたか」。西阿「経釈はそうですが、ただ世間の機嫌が心配なのです」。源空「我たとえ死刑に処せられても、言うことに変わりはない」。

この場面は諸伝がほぼ同じように語り伝えていて、劇化もされてきたところである。

非僧非俗として

『法然上人行状絵図』によると、源空が流罪に処せられる事情を次のように述べている。

罪悪生死のたぐい、愚癡暗鈍のともがら、しかしながら上人の化導によりて、ひとえに弥陀の本願をたのむところに、天魔やきおいけん、安楽死刑におよびしのちも逆鱗《げきりん》なおやまずして、かさねて弟子のとがを師匠におよぼされ、度縁をめし、俗名をくだされて、遠流の科にさだめらる。藤井元彦。

ついで建永二（一二〇七）年二月二十八日付、土佐国司宛の「太政官符」を載せている。それによると、流人は藤井元彦、使は検非違使左衛門府の清原武次。追捕の検非違使と領送使にそれぞれ左衛門府生をあてている。

親鸞の場合も、太政官より越後国司宛にこれと同じような措置が取られたのであろうか。専修寺本『親鸞伝絵』の絵相によると「鸞聖人配所におもむきたまうところ也」として親鸞を乗せた輿の前後に七人の仕丁がつき、後方に「御送の武士等也」として騎馬三人に徒歩一人の従者が描かれている。また次の図は「越後国府に御下著の御庵室也」として、垣根越に方三間の質素な建物を描き、なかで親鸞が畳に座して訪れた男に会う場面で、男は縁先で地面に膝をついている。『親鸞伝絵』作者の意向が加わっているのか、親鸞流罪の場面は罪人の処遇というより相応の待遇のようにみえる。

そのころ越後の国司には安田義賢、同権介に親鸞の伯父宗業が任命されており、名目だけの官であったとしても親鸞に何らかの配慮がなされたかも知れない。なお越後の守護は佐々木盛綱だったようで盛綱は法名西念を名のっている。

念仏停止が凶事を招く

こうして源空と弟子たちは死罪または流刑に処せられた。ところで『親鸞伝絵』では、念仏停止の発端を「浄土宗興行によりて、聖道門廃退す。是空師の所為なりとて、忽《たちまち》に、罪科せらるべきよし、南北の碩才憤り申しけり」と端的に論断している。また同じ覚如の『拾遺古徳伝』になると、念仏停止をめぐる世評として朝廷の忌避にふれる流言を記している。それは後鳥羽院が念仏停止の沙汰をくだす度ごとに不吉な「凶事」がおこるというものである。

承久の騒乱に東夷上都《とういじょうと》を静謐せしとき、きみは北海のしまのなかにましまして多念こころをいたましめ、臣は東土のみちのほとりにして一時に命をうしなう、先言たがわず、後生よろしくきくべしと。云々　おおよそ念仏停廃の沙汰あるごとに凶事きたらずということなし、ひとみなこれをしれり、羅縷《らる》にあたわず、筆端にのせがたし。しかれども前事のわすれざるは後事の師なりというをもってのゆえに、世のためひとのためはばかりあるにたれども、いささかこれを記す。

（『拾遺古徳伝』巻七）

はばかりながら、昔から人の言葉に間違いはない。後に生まれて来る者は昔の伝えをよく聞けという。前に起きたことを忘れないのが、後のための教訓であるというのである。

承久三（一二二一）年五月の乱は、後鳥羽上皇が鎌倉幕府を倒すためおこしたが、幕府軍に大敗して京都を制圧され、上皇は隠岐《おき》へ流されて都へは生涯もどれなかった。上皇の皇子土御門院も土佐へ流され、乱の首謀者とみられる藤原光親《みつちか》・宗行《むねゆき》・一条信能《のぶよし》・高倉範茂《のりしげ》ら院の近臣は捕まり関東へ護送される途中で斬首された。承元の念仏停止より十四年後のことである。念仏停止の結果、後鳥羽上皇みずからが流罪の身になった。上皇自身が凶事を招いたわけで、承久の乱以前にその事例をたずねると、間近いところで法勝寺の八角九重大塔の炎上という「凶事」に逢着する。

法勝寺大塔の焼失

それは源空とその門弟が罪科に処せられて、翌年の承元二（一二〇八）年五月十五日のことであった。藤原定家の『明月記』にその衝撃的な光景が記されている。

五月十五日というと旧暦では盛夏の候である。その日の京都は朝から晴れていた。ところが正午ごろ大雨が降りだして、猛烈な雷雨になった。定家が来客と面談している間に、稲妻がきらめき暗闇になり大雨がはげしく降りそそぐ。そのあいだ、東の方角でにわかに煙が見えて、「法勝寺の九重塔だ」と人がいう。急いで表に出て牛車に乗り込んで白河の法勝寺へ向かって走らせる。加茂の川原まで来たところで、現場に向かう後鳥羽上皇に出あい下車した。白河円勝寺の前で騎馬の上皇をみて畏れ止まったが、やがて従者の引いてきた馬に乗って法勝寺の西大門から境内に駆け込んだ。

八角九重の宝塔が炎につつまれ燃えさかっている。身分の上下を問わず人々が群がり集まって居場所もない。炎が飛んで近くの樹に燃え移るので樹を切り倒す。やがて塔の心柱が燃えあがりながら南に傾いて倒れた。塔内の五智如来像はじめ諸堂の仏像は運び出され、火勢がようやく滅してから帰宅した。関白近衛家実はこの間に御所へ参内したという。鎮護国家の道場、海内無双の宝塔が雷火のため滅亡してしまった。「悲しむべし、怖るべし」。上皇以下重臣たちはみな騎馬であった。後で聞いたことだが、法勝寺の執行の法印章玄は火事だと聞き、あわてふためき寺へ駆けこんで走りまわり、火が消せないとわかると、のがれて金堂の壇上に登り「命ながらえて、不思議のことに遇った」といって意識を失ってしまった。従者が輿にのせて禅林寺の宅に運びこむと、わずかに呼吸はあるが物が言えず、夜半に死去してしまった。八十余歳であった。

法勝寺が承保三（一〇七六）年白河天皇により創建せられておよそ百三十年。都の東玄関に位置していた顕密寺院の枢要伽藍である。その法勝寺の中核である八角九重の大塔が落雷により焼失したのである。いわば顕密仏教のコスモロジーをささえる主軸が倒れたのに等しい。これにすぎる「凶事」はない。

このとき慈円は後鳥羽院の命により重い厄をはらうため御所で法華法を行っていて、七日の法会を終えて御所を出た直後であった。慈円は法勝寺大塔の焼失が法華法の最中でなくて、むしろ君に幸いし、命長らえたと述べている（『愚管抄』六巻・土御門）。

四　越後の風土と伝承

辺境の地でめざめる

親鸞が流された越後国は、佐渡国とともに北陸道の最北にあたる。佐渡へは同門の法本房行空が流された。行空は信の一念を強くつのり多念を退ける異端の帳本、聖道仏教批判の急先鋒とみられた。親鸞と行空が北陸へ、源空は南海の土佐へ。師弟の配所が京を軸にはさんで南北反対なのには意図があるのかも知れない。

親鸞のばあい京都から越後までおよそ旅程二十日あまりとして、旧暦三月はじめに京都を発って越後の国府に着くのは三月の終りで晩春にあたる。親鸞が北陸道を下った行程は明らかでないが、京都から近江をへて越前・加賀・越中・越後という道筋が想定される。

伝説によると越前武生《たけふ》の毫摂寺《ごうしょうじ》は大町の如道《にょどう》が越後に下向する親鸞の教化にあずかったのにはじまるという。また加賀松任《まつとう》の本誓寺はもと天台宗であったが越後へ下る親鸞を倉部川に迎えて弟子になったとする。越中富山の極性寺《ごくしょうじ》では、親鸞が新川郡常願寺村を過ぎて堀江川百貫橋を渡るとき立ち寄ったと伝える。そのさき入善からは親不知《おやしらず》と糸魚川の難所をさけて舟で海に出て越後国府に向かったとされる。

いずれにしても、親鸞は白山・立山に残雪をながめ、越後国府に入ったことになる。白山は奈良時代に泰澄《たいちょう》の開創と伝え、越前・加賀・美濃の馬場にはそれぞれ平泉寺・白山寺・長竜寺が伽藍をそなえ、比叡山延暦寺の配下にあった。木曾義仲が平家を攻めて上洛するとき、白山馬場に祈願し、奥州の藤原秀衡も美濃馬場に金銅虚空蔵像を奉納していた。親鸞が行くのは源義経が奥州へ落ちて行くときにたどった道筋にあたる。越中の立山をへて上越に越えると、妙高山、米山の奥に出羽三山など修験の霊場がつらなる。

法勝寺大塔が雷火で焼けたことが越後国府に伝わるのは、承元二（一二〇八）年六月中旬頃であろうか。親鸞が流されて翌年の夏である。親鸞が師の源空とともに配所におもむくとは予想できないことであったが、越後に来て法勝寺大塔の焼失を聞くのは、なお思いもかけぬことであった。親鸞の目前に、京都の東山吉水の禅坊から北に眺めた、法勝寺の八角九重塔のあの壮大な姿が浮かぶ。あるいは北京三会の一といわれる法勝寺の大乗会を見聞したおり、間近に見上げた大塔の荘厳が思われる。あの塔が焼けたのか。親鸞は驚きとともに深い感慨におそわれた。

「もしそれ造像起塔をもって本願とせば、貧窮困乏《びんぐうこんぼく》の類は定んで往生の望を絶たん」。源空の

『選択集』本願章の言葉が、親鸞のこころの奥底からわきあがってくる。京都と奈良にあれほど壮大な伽藍が棟を連ね、高位の僧をまねき厳かな法会が催されている。それらの費用は莫大である。そこで積まれる善根功徳はどれほどのものなのか。多感な源実朝は鎌倉で将軍職にあって「塔をくみ堂をつくるも人のなげき懺悔にまさる功徳やはある」と述懐している。

親鸞の居所と定められたのが越後頸城《くびき》郡の国府近く国分寺辺だとして、三重塔に金堂がそなわり五智如来が安置されていても、発願当初の天平の荘厳は色あせて、たたずまいばかりだったかも知れない。親鸞が住むのが国府であるなら国司や守護の館があり、人馬の往来もさかんで市もにぎわったであろう。東西は北陸道の主要な道筋にあたり、北は直江津で船泊り、南に道をたどると信濃に越えて善光寺に通じる。主要な道路はひらけていても、未開の原野や沼沢地が際限もなく広がる。そこに住む者たちの多くは農民か漁民で、山仕事や商い・運送にたずさわる者も少なくない。貧窮困乏・愚鈍下智・少聞少見・破戒無戒のたぐいである。

都で聞いた源空の『選択集』のおしえと、いま辺州の越後に流されて来て読みかえしてみる『選択集』とは違う。源空の一語一語が親鸞の心底にしみわたる。おしえを聞いて現実にめざめるのか、現実にめざめておしえを読むのか。おしえは現実をはなれては空虚に陥り、現実はおしえを失っては昏闇に堕す。親鸞は越後に流されてきて、源空のおしえを現実に聞き、現実にめざめることになった。ここに来てみて富貴・智慧高才・多聞多見・持戒持律の人など、どれほどいただろうか。

越後国の信仰風景

ここで思い起こすのは鎮源《ちんげん》の『大日本国法華経験記』(『法華験記』)に伝える越後の民間仏教の話である。鎮源は比叡山横川の首楞厳院《しゆりようごんいん》の僧で源信の後輩にあたる。この本は『法華経』の読誦や書写により霊験にあずかった人びとの話を集めたもので、聖徳太子・行基はじめ伝教・慈覚・相応・延昌など、延暦寺の名だたる僧の伝を列ね、俗人から女人、蛇・狐・猿におよぶまで百二十余話をのせる。首楞厳院の源信僧都やその妹の伝も載せてあり、延暦寺で学ぶ僧をはじめ識者にも広く読まれた。編集の趣旨は「愚暗」のためで「賢哲」のためでないというように、法華信仰の新たな局面を開いている。そのなかで越後国の話が三つ載せてある。断食のうえ焼身をとげた法華の行者・鍬取《くわとり》上人の話、国上山《くがみやま》の塔を雷火から護る沙弥《しゃみ》神融の話、それに山寺で僧に写経を発願する猿の話である。ここでは法勝寺の大塔炎上にちなんで沙弥神融の話を取り上げてみよう。

沙弥神融は越後国古志郡の人で、長年『法華経』を読んで修行を積み「古志小大徳」と称せられた。薫習練行くらべるものなく鬼神が仕え、遠く都から天皇の帰依をうけ、近く万民に崇敬される。蒲原郡の有力者が国上山に三重塔を造立して供養会を催していると、雷鳴がとどろいて落雷で塔が破壊された。塔を再建すると同じことが起き、三度目も同じ事態になった。四度目に塔を建てたとき、神融が招かれて守護のため基壇で『法華経』を高声に読むと、黒雲がおこり雷電がきらめき、空から異形の童子が落ちてきた。童子は縛られていて神融に泣いて許しを乞う。わけを聞くと童子は雷神で、国上山の地主神から頭上に塔ができて不快なので塔を除くように頼まれたのだという。神融の法験により地主神は他の地へ去り、雷神は寺の境界に雷鳴を発生させず、水不足の山上に水をそそぐと誓った。いらい三重塔に落雷の災いはなく、塔の周辺四十里内に雷鳴を聞かないという（『法華験記』巻下　第八十一）。

神融は神護景雲年中に入滅というから奈良時代末の人で行基に近いが、この話が鎮源の『法華験記』に収録されたのは親鸞流罪より百五十年ほど前である。国上山は親鸞の配所国府から遠く北にへだたるが、そのころ国上山の三重塔は姿をとどめ神融の霊験談はまだ生きていたはずである。

京都法勝寺の八角九重塔は「鎮護国家の道場、海内無双の宝塔」と称せられたが、落雷で焼けた。まさに国家の凶事であり亡国のきざしである。塔の炎上は前僧正慈円が院の御所で法華法を終えた直後のことであった。慈円は大塔の焼失はかえって院自身の厄のがれのように説いたが、ここ越後に来て親鸞は法勝寺大塔の焼失を知り、神融の霊験談を改めて思い起こしたかも知れない。

それと『法華験記』序に「竊に以《おも》いみれば、法華経は、久遠本地の実証にして、皆成仏道の正軌なり」としているが、『法華経』は、はたして久遠本地の実証・皆成仏道の正軌といえるのか。親鸞はのち『教行信証』を著わして後序に「竊に以《おもん》みれば、聖道の諸教は行証久しく廃れ、浄土の真宗は証道いま盛なり」と書いた。親鸞の「竊に以み」る思考の背景は善導の『法事讃』等であることはよく知られるが、「竊に以み」る思考の下敷として北越の草深い地平に広がる『法華験記』の世界があったのではないか。

教化の志

『法華験記』に立ち入ってみたのは、親鸞が流されたさき、越後国の信仰風景の点景としてうかがうためである。沙弥神融の練行、鍬取上人の苦行、乙寺の猿（国守紀躬高《きのみたか》の前身）の篤信など、常人に思いもおよばぬ。人は話をきいてただ感嘆畏敬して国上山・鍬取山・乙寺を霊場として拝むほかはない。

『法華経』により「久遠本地の実証」「皆成仏道の正軌」に達しようとすれば、民間信仰のレベルでは薫習・練行・断食・苦行・焼身を遂げなければならない。民間ひじり（聖）崇拝の世界においても、聖道の諸教は行証はひさしく廃れていたのである。まして親鸞は比叡山延暦寺の首楞厳院横川において法華三昧と常行三昧を練行としてきた身である。「速やかに生死を離れんと欲わば、二種の勝法の中に、しばらく聖道門を閣いて、選びて浄土門に入れ」。源空のこの言葉が、越後にきて改めて親鸞の身にしみて聞こえる。

聖道の諸教の行と証とは、薫修・練行はもとより、釈尊への恋慕や追従ではかなわぬ。まして霊物や霊場の崇拝ではおよばない。伝わる霊異な話を聞いて敬うほかはない。信仰の真の主体を人びとと共にどう確立するか。源空が明らかにした選択本願念仏の救済体系を、国土人民のうえに大乗仏教の仏道成就として論証する。そのことを親鸞はみずから本懐とさだめた。これよりさき親鸞が向かうのはこの道一筋。人との出会いも、生きる術も、出来事も、時勢のうごきも、すべて親鸞の内面において大乗仏教の仏道成就にむけて連動し、収斂していくことになる。

善光寺聖との縁

それに対応するように信越の民間ひじりの世界に、善光寺聖のうごきがあった。信濃善光寺は治承三（一一七九）年焼失後、源頼朝が信濃の御家人・目代に勧進上人への助成を命じて、建久二（一一九一）年、本堂が完成していた。その間に勧進上人が各地を遊行《ゆぎょう》して「善光寺縁起」を語り、一光三尊阿弥陀如来の利益と聖徳太子の助成を説いた。善光寺の僧職には清僧の大勧進と妻帯僧の大本願があり、善光寺信仰の普及と造営をすすめた。善光寺の多くの勧進上人のなかには源空や重源の弟子と称する者もいて、親鸞を善光寺の勧進上人と見紛う人もあったと思う。ついでに『善光寺縁起』の主要な部分をうかがってみよう。

善光寺本願として語られる本田善光《よしみつ》は、信濃国伊那郡宇招村麻続里の在家の土民で、身は貧賤であるが心は正直であった。その善光が信濃守から京都大番の夫役を勤めるように命じられる。三年の夫役を果たして帰国のとき、善光は難波にでかけ黄金にかがやく弥陀如来の一光三尊仏をみつけた。背に負って信濃の家に持ちかえり如来像を私宅に安置する。しかし「在家」の私宅は不浄ではばかられるとして、別に「草堂」を設けて如来像を安置する。翌朝になると如来像は在家の私宅にもどっている。そのくりかえしのなかで如来が善光につげる。「なんじ金銀の宝をもって堂塔を造立するといえども、名号を称せざるところは、われ歓喜せず。たとい白衣（在家人）、舎を不浄戯論の処としても、わが名号を称念すれば清浄の道場となす」と。在家ということ、それにともなう課役・貧困・女房・五障三従ということが善光寺縁起のモチーフなのである。それはまた信越の在家農民の形象化でもあったと思う。

「縁起」のうえで本田善光が国守に従って上京するのは、飛鳥京の推古天皇七（五九九）年のことである。しかし善光の話には土民・大番・京上夫・催促使・在家・糧物・百姓・夫領など「縁起」が語られる中世の社会が映し出されている。それはまた親鸞が信越の地で一緒にすごした人びとの暮らし向きでもあった。

恵信尼との出会い

　このころ親鸞は恵信尼《えしんに》を妻とし、建暦元（一二一一）年三月に男子が生まれている。のち信蓮房明信と称し、越後の栗沢に住んだので栗沢の信蓮房という。『本願寺系図』によると、親鸞には明信のうえに善鸞と小黒女房の二子があったとする。この二子が恵信尼の所生だとすると、親鸞と恵信尼の結婚は京都だったことになる。恵信尼は越後の領主三善為則の娘で、京都にのぼって奉公していて親鸞と知りあったともみられる。

　二人が知りあったのが京都だったとすると、はやくて恵信尼は二十歳、親鸞は二十九歳。親鸞が比叡山をおりて六角堂に百日祈願して夢告をさずかり、吉水の源空のもとに通った頃である。恵信尼がのち娘の覚信尼にあてた手紙に親鸞のことを追憶して、その場面を見届けたように書きつけている（『恵信尼消息』）。

　山をおりた親鸞が六角堂に百日参籠して後世をいのり「行者宿報設女犯」四句之偈をさずかり、すぐに源空をたずねて百日のあいだ通いつめて不審を晴らして弟子になった、そのいきさつを恵信尼はよく知っていた。また恵信尼には日記を書いていた形跡があり、晩年に『無量寿経』を仮名書きで写してもいる。彼女の素養は当時の女性として相当の身分にふさわしく、親鸞の志向など悉知する立場にあって、親鸞をうやまい側近くつかえた。

また一説に、恵信尼の父は善光寺聖でなかったかともいう。善光寺勧進聖の妻帯の風儀からの推測で、親鸞の妻帯もそれに事寄せてみる向きもある。

五　『観無量寿経』に聞く「在家」

遠流のおもい

越後における親鸞の滞在はおよそ六年余におよぶが、その間の事跡は明らかでない。わずかに国府の住人で覚善という弟子の名が伝わる（『親鸞聖人門侶交名牒』）。また親鸞の没後およそ百年のことであるが、越後柿崎庄の住人で教浄房と比丘尼浄円、蒲原郡五個浦に比丘尼妙蓮という、本願寺系の門徒がいた形跡がある（『存覚袖日記』）。もし彼等が親鸞の弟子筋につながるとすれば、親鸞の居住はやはり上越の国府周辺ということになろう。

おりおり親鸞は浜辺に出て海をながめた。北陸の冬の空と海は鉛色で境目がない。浪が白い歯をむいて岩を咬む。吹きつける風は身を切るように冷たい。雪は降り積もって草庵を埋めるが春には消える。四月から五月になると晴れの日が多く海も空も明るい。漁師は網をひき、沖に舟や筏がゆっくり行き交う。海の彼方に渤海国があり朝鮮半島から宋国につながっている。そのむかし波路はるかに仏法が伝わってきて、聖徳太子がこの国にひろめた。仏法東漸という。

大国の天竺《てんじく》（インド）・晨旦《しんたん》（中国）からみれば、この国は粟粒をまき散らしたような小国にすぎない「粟散片州《ぞくさんへんしゅう》」である。はるか沖合から足元の磯辺に寄せる波をみつめ、親鸞は浄土のおしえを中国にひらいた曇鸞・道綽・善導を想う。あるときは夏山を仰ぐ。梅雨があけると越後も暑くなり、米山・妙高など山地に雷雲が発生して雷鳴がとどろく。田畑を耕す男女、背に荷を負い、車に荷を積んで行き来する人びと。国府や柿崎の市の漁師や商人。街道をゆく善光寺聖の足もしげくなる。聖は死者の追善や豊作の予祝に善光寺阿弥陀三尊像の木版刷り紙片などを在家に授けるのであろうか。弓矢を背負い騎馬で駆け抜ける武士の一団もある。

『観経』を読み込む

親鸞の配所越後での歳月は、源空が明らかにした本願念仏のおしえを、究極の仏道成就として大乗仏教の体系に検証することに費やされた。そのため京都から携えてきた、「浄土三部経」はじめ善導の註釈、『選択集』ほか浄土の論疏や抄本など、くりかえし口ずさみ、読み込んでいった。そして配所における親鸞の日々の暮らしが、縁辺の人びとの暮らし向きとともに、本願念仏にもとづく大乗仏教の教義体系に照応されていった。親鸞の探求は言葉のうえの思索だけでなく、大地にうごめく群萠としての体験と共感をともなっていた。

そのなかでも特に読みを深めたのが『観無量寿経』（『観経』）でなかったか。手もとの経本は親鸞がかつて京都東山の禅坊で書写し、源空の指南のもとに善導の『観経四帖疏』などより綿密に注記したものである。まず「仏説観無量寿経」の経題があって、「如是《にょぜ》我聞《がもん》。一時仏、在王舎城《おうしゃじょう》　耆《ぎ》闍崛山中《しゃくつせんじゅ》、与大比丘衆　千二百五十人倶《く》」と読みはじめる。ここで、経文の下欄に書き込まれた善導の『観経四帖疏』「序分義」より抄出した文に目がとまる。「一時仏、在王舎城　耆闍崛山中」の文言について、善導は次のように解説している。

「在王舎城」已下は、正しく如来遊化の処を明す。即ち其の二あり。一に王城聚落に遊びたまうは、在俗の衆を化せんが為なり。二に耆山等の処に遊びたまうは出家の衆を化せんが為なり。また在家の衆というは五欲を貪求すること相続してこれ常なり。たとい清心を発せども、なおし水に画くがごとし。ただし縁に随いて普く益するを以て大悲を捨てず。道俗形を殊にして共に住するに由無し、これを境界住と名づくるなり。また出家というは、身を亡じ命を捨て、欲を断じ真に帰す。心は金剛のごとく、円鏡に等同なり。仏地を悕求《けぐ》して、即ち弘く自他を益す。もし囂塵《ごうじん》を絶離するにあらざれば、この徳証すべきに由無し。これを依止住と名づくるなり。

釈迦如来がインドの王舎城と耆闍崛山中に在しまして説かれたというのは、如来の説法の対象が王舎城と耆闍崛山と二つあったことを意味する。一に王舎城の説法は在俗の衆を教化するため、二に耆闍崛山の説法は出家の衆を教化するためである。在俗すなわち在家の衆というのは、財欲・色欲・飲食欲・名誉欲・睡眠欲の五欲をむさぼり求め、継続して休むことのないのが常態である。だから、たとい清らかな心を発してみても、水に画いた字のようなもので跡形もなく消えてしまう。また出家というものは、身を亡じ、命を捨て、欲を断って真実に帰すものである。心は金剛のように堅固で、しかも円鏡と等同であり、仏地を悕求してひろく自他を利益する。もし囂塵（騒がしく汚れている世間）と隔絶しなければ、この徳を証することはできないという。

五欲にまみれた「在家」の人びとに向けて

『観経』における説法の対象を「在家」と「出家」に分別して、『観経』の帰結は五欲にまみれた「在家」の人びとの救済にあると判定したのが善導であった。善導がそう決断するまでにはみずから「出家」の仏道をめざしてみて、その道はいまの時代の人々には困難で絶望するほかない、という痛切な省察があった。「在家の衆というは五欲を貪求すること相続してこれ常なり。たとい清心を発せども、なおし水に画くがごとし」というのは善導みずからの述懐であり、人間として生きることへの深い悲歎の表明であった。

「在家」と言って、みずからも人をも、わざと貶めるのではない。「出家」と名のって身命を捨て欲望を断ち、清澄な金剛心を得られるのか。出家を称するのは虚偽でないか。ならば『観経』を在家の底辺に立って聞くべきであろう。

かつて親鸞が六角堂に百日参籠して後世のことを祈ったとき、観音より「行者宿報設女犯」云々の夢告を得て、その旨趣を「一切群生」に宣説せよと命じられた。また同じ夢のなかで遥か東方をみると、険しくそそり立つ山々に数千万億の有情《うじょう》が群集しており、それら有情に向かって夢告の旨趣を説き聞かせた情景が思いうかぶ。群集する数千万億の有情がすなわち「在家」であった。親鸞が越後に流されてのち東国に赴いて源空のおしえを広く人びとに伝える予兆として語られたものである。

存覚の在家教化

のちに本願寺の存覚が親鸞の『観経集註』を読んで「在家」のもつ意義に気づく。そのうえで存覚は越後から関東にいたる親鸞の行跡をたずね、教化の原点を「在家」としておさえ、東国の「在家」農民めあてに教化の展望を開こうとした。存覚は善導『観経疏』の文にもとづき「在家」について次のように解読している。「在家」を現実に即して読み解いたのである。

在家・出家の二衆あいわかれたるがゆえに、仏在世には住処また各別なり。まず在家の衆というは、五欲を貪求すること相続してこれつねなり、たとい清心《しょうしん》をおこせども、なおしみずにえがくがごとし。この衆は男女交懐、飲酒食肉《おんじゅじきにく》等をいましむるにおよばず。つぎに出家のものというは、身を亡じいのちをすて、欲を断じ真に帰し、こころ金剛のごとく円鏡に等同なり、仏地を悕求して自他を弘益《ぐやく》す。もし囂塵を絶離するにあらずば、この徳証すべきによしなし。この衆をば淫酒食肉等をいましめたまえり。（中略）ただし、当今末法のありさまをみるに、剃髪染衣のともがらおおしといえども、在世の出家の作法のごとく、まことに身を亡じいのちをすつるひとははなはだまれなり。おおくはこれ住処を在家・出家にわかたず、おなじく妄念を愛塵・欲塵におこすものなり。こうべをそるといえども、俗家につかえて弓箭《きゅうせん》を帯し剣戟をささぐるひともあり、ころもをそむといえども、妻子にまつわれて田畠をたがえし屠沽《とこ》をこととするものもあり。出家のひとのなかになおかくのごときのたぐいあり。けだしこれ末代のならい、法のごとくなることもともかたきがゆえなり。いかにいわんや、いまわれらがともがらはもとより在家止住のたぐい、愚癡無智のあま入道等なれば、五欲を貪するをもって朝夕のおもいとし、三毒にまつわるるをもって昼夜の能とせり。かくのごときの機、この法によらずばたやすく生死をいでがたきゆえに、一心に帰依し一向に勤修《ごんしゅ》するものなり。

（存覚『破邪顕正抄』下）

ここで存覚が説くところは次のように要約される。今まさに末法のありさまをみると、表向き剃髪染衣の出家のともがらは多いけれども、釈尊在世のころの出家の作法のように、まことに身を亡じ命を捨てる人は、きわめて希である。出家者の多くは住所を在家とへだてず同居して、ことさら妄念をつのり愛欲をおこしている。頭を剃ってはいるものの、俗人につかえて弓箭や刀剣をたずさえる人、墨染めの衣を着ていても、妻子を養うため田畠を耕し商いに従事する者がある。出家人とされる者がこのような有様である。まして我われはもとより在家止住の類、愚癡無智の尼入道である。五欲を貪ることを朝夕の思いとし、三毒（貪欲《とんよく》・瞋恚《しんに》・愚癡《ぐち》）にまつわることを昼夜の能としている。このような存在は弥陀の念仏の法によらなければ、たやすく生死を出ることはできない。そのゆえに一心に阿弥陀仏に帰依し、一向に念仏を勤修するものである。

親鸞の「出家」「在家」理解

このような見解を存覚が表明するのは、十四世紀前半で親鸞の没後およそ百年のことであるが、存覚は親鸞のおしえの核心を「在家」においてとらえ、東国教化の展望を開いた。そこでは今の時代が末法であるとの認識を迫ったうえで、「出家」の存在を否定する。仏道が開けるのは在家において他はありえない。いわば存覚は中世民衆の究極のすくいである自立と居場所を「在家」に設定して、教団の未来を開こうとしたのである。

このころ在家という二つの意味があった。一つはここで話題にしてきた「出家」に対する「在家」である。もう一つは中世社会の歴史のうえに現に存在した「在家」で、地域の住民が家と付属耕地ごとに「在家」として把えられ「在家役」を負担した。この在家は当時の社会一般にみられた民衆の存在形態で、在家は領主のあいだで相続したり譲与や交換・横領などの対象にされた。このような在家の存在は全国に広がったが東国・九州には後まで残ったとされる。存覚が「いまわれらがともがらはもとより在家止住のたぐい、愚癡無智のあま入道等なれば」というとき、出家が存在しなくなってしまった末法の世における在家の立場と、中世社会の底辺を生きる民衆としての在家への同化をうったえたようである。

話が親鸞より後の時代にまで移ったが、親鸞の越後から関東への移住にともなう思想の形成をたどるとき、見通しておいてよいことである。そこで明らかになるのは親鸞の出家と在家に対する見解である。親鸞は存覚のように末法を前提にして出家の存在を正面からあえて否定しなかった。また出家と在家をことさら対置して論じてもいない。そこでは出家と在家という形態を論じるのではなく、いかにして仏道が成立するかという仏道の開かれる場を論じた。

第五章

浄土真宗をひらく

一　大地に聞く――真の仏弟子

源空遷化

建暦元（一二一一）年十一月に師弟とも勅免となり、源空は摂津勝尾をへて東山大谷吉水の住坊へ帰ったとされる。かねて親鸞は赦免を得るため「藤井」の姓を「愚禿」と改め、縁戚にあたる岡崎中納言範光をへて奏聞におよんだところ、殊勝だとして朝廷で誉められたという。こうして親鸞は流罪をゆるされたが、京都へは帰らず越後にしばらく滞在したあと、関東へ移住することになる。

師の源空は翌建暦二（一二一二）年正月二十五日、大谷の禅坊で生涯を終えた。八十歳であった。報せが越後の親鸞のもとに届くのは同年二月下旬頃であったろうか。

源空はかねて没後のことについて遺言していた。もし追善・報恩のこころがあるなら、ただ一向に念仏してほしい。私は平生から自分のため人のため、念仏の一行だけにつとめてきた。その私の追善報恩のためというなら、念仏のほかに功徳など思いもよらぬことである。自分が死んだら一昼夜は至誠をこころにかけて念仏してほしい。中陰のあいだは不断に念仏して怠らず、真実心をつらぬき虚偽の行いはやめてほしい（「葬家追善事」）。

師をとぶらうため親鸞は京都へすぐにも帰りたい。しかしいま帰ってみても、念仏および念仏者に対する嫌疑は収まってはいまい。まして親鸞は源空に近侍して親しく仕えた弟子である。いまは赦免になり、妻子をかかえる還俗の身であるとはいえ、妻帯は京都で念仏者のとがになりやすい。それに一所に群れ集まってはならない、集まれば争いのもとになる、各自の草庵に閑居して念仏してほしい、という師のいましめがきこえる。親鸞はしばらく越後の草庵にとどまり、七年前の元久二（一二〇五）年に模写した師の肖像画に対座して念仏した。それとともに師に許されて書写した『選択集』を読みかえし、中陰がすぎてから毎月忌二十五日ごとの追善・報恩の念仏を怠らなかった。

師は親鸞とともにある

師をうしなって親鸞が思うのは、源空こそ身を亡じ、命を捨て、欲を断ち、真に帰する出家であった。あの師が生前に財を求めたか、色情に身を染めたか、飲食を貪ったか、名誉を欲したか。延暦寺での源空は一心金剛の戒師と称され、心はそれこそ円鏡にもひとしく、人そのものが清らかな出家であった。あの師にどんな罪科があったというのか。

真の出家であった師があえて在家になじんで同化し、出家も在家も男女のへだてなく念仏をすすめ、平等に生死を離れる道を説きあかして世を去った。源空は浄土から来て道俗男女をみちびき浄土へ還っていった。臨終について人がどのように取り沙汰しようと、源空の終わりには光明・紫雲・音楽・異香など瑞相があらわれたに違いない。源空の生前を追憶するほど、親鸞の確信は深まるばかりである。

源空が命終二日前の正月二十三日に書き置いたという法語が伝わっていた。

もろこし《(唐)》、我がちょう《(朝)》に、もろもろの智者達のさたし《(沙汰)》申さるる観念の念にも非ず。又、学文《(問)》をして念の心を悟りて申す念仏にも非ず。ただ、往生極楽のためには、南無阿弥陀仏と申して、疑《うたがい》なく往生するぞと思《おもい》とりて申す外《ほか》には、別の子《し》さい《(細)》候わず。但《ただし》、三心《さんじん》（至誠心・深心・回向発願心）四修《ししゅ》（恭敬修・無余修・無間修・長時修）と申す事の候うは、皆、決定して南無阿弥陀仏にて往生するぞと思う内に籠《こも》り候う也《なり》。此外《このほか》におくふかき事を存せば、二尊のあわれみにはずれ、本願にもれ候うべし。（カッコ内筆者）

（『一枚起請文』）

この文は源空の最後の教誡として勢観房源智が授かったものとされる。「南無阿弥陀仏と申して、疑なく往生するぞと思とりて申す外には、別の子さい候わず」ということは親鸞が源空から日頃よく聞いていた言葉である。親鸞には源空のおしえのすべてを聞きとっていたという思いがある。師なき今でも師は親鸞とともにあり、親鸞が語りかければ親しく答える。問いかけに応じてどのようにも答えてくれる源空が親鸞の前にいた。

真の仏弟子

ふだん着の親鸞は質素な薄墨色の衣に墨袈裟で、髪は剃っているものの不精毛が生えても気にしない。僧形の出家かと見れば、妻子を帯していて時おり魚鳥を口にする。俗人かと思えば達者に経文をとなえ、もの静かに念仏して、たえず筆を執っている。由緒ある寺社に貴重な経典や論釈が伝われば、労をいとわず駆けつけて披閲を乞い、主要なところを写し取る。運筆は達者ではやい。つりあがった眉毛に鋭い眼光、固く引き締まった口元に強い意志がみえる。名を問えば源空の弟子で善信と名のり、源空の指南により善導と源信のおしえを敬い念仏する者だという。

親鸞は何時どこにあっても源空の弟子であると自称して念仏をすすめ、問われれば懇切に答えた。浄土三部経はもとより『法華経』『金光明最勝王経』『仁王経』など護国の経典ほか『華厳経』まで親鸞は読解した。比叡山延暦寺はじめ奈良東大寺・興福寺など諸寺の縁起、真言・止観や三論・法相・華厳のおしえにも精通している。それにここ数十年来の都のできごとや、朝廷・貴族の故事、和漢王朝の交替、天文暦学のことまで親鸞は知っている。求められれば和漢文の韻文から和歌や今様まで口ずさんで聞かせた。これほどの知見が一人の人物にそなわっているとなると、分からぬことをたずねれば答えがすぐに得られる。越後の国府庁や守護館の役人など、およぶところでない。親鸞の学才を知る人は驚き、その見識に感じ入ったことであろう。

さきにみたように親鸞は善導の『観経疏』により本願の趣旨を「在家」において聞き取って人にすすめた。

そして『観経疏』にいう、出家とは「真に帰し、こころ金剛のごとく円鏡に等同なり、仏地を悕求して自他を弘益する」ことを「真の仏弟子」と「金剛心」に集約してとらえ、その仏道がこの身のうえにどうして実現するかを探求する。仏道が出家と在家の別なく、あらゆる人の身のうえに自ずから平等に成就する、本願念仏の論証と体験につとめた。

在家出家の別なく

『報恩講私記』には親鸞の教化を追慕して「其の行化を訪えばまた六十年、自利利他満足せずということなし。在家出家の四部、群集すること、盛なる市に異ならず。大乗・小乗の三輩、帰伏すること、風に靡《なび》く草のごとし」という。

「出家」と「在家」をそれぞれ「聖道門」と「浄土門」に言い換えるとわかりやすい。聖道門とは教相すなわち理念をあらわす。浄土門とは事相すなわち現実をあらわす。いわば双方とも仏教の建前である。「聖道の諸教は行証久しく廃れ、浄土の真宗は証道いま盛なり」と言えても、「出家の諸教は行証久しく廃れ、在家の真宗は証道いま盛なり」とは事実だけに表向きに言えない。今となっては在家の男女も出家の僧尼も、菩薩も声聞も縁覚もへだてなく、深重の本願に帰して念仏するほかないのである。

ひごろ源空の側につかえて聞いた言葉が想い浮かぶ。

深重の本願と申すは、善悪をへだてず、持戒・破戒をきらわず、在家・出家をもえらばず、有智・無智をも論ぜず、平等の大悲をおこしてほとけになり給いたれば、ただ他力の心に住して念仏申さば、一念須臾《しゆゆ》のあいだに、阿弥陀ほとけの来迎にあずかるべきなり。

（『和語灯録』巻二）

問ていわく、聖人の申す念仏と、在家のものの申す念仏と、勝劣いかん。答ていわく、聖人の念仏と、世間者の念仏と、功徳ひとしくして、まったくかわりめあるべからず。

（同前）

念仏者女犯はばかるべからずと申あいて候。在家は勿論なり、出家はこわく本願を信ずとて、出家の人の、女にちかづき候条、いわれなく候。在家のものどもは、かほどにおもわざれども、念仏を申《もうす》ものは、極楽にうまるなればとて、念仏をだにも申せば、三心（至誠心・深心・回向発願心）は具足するなり。（カッコ内筆者）

（『西方指南抄』下本）

（同前）

ここで親鸞が応答するのが『教行信証』「信巻」の「真仏弟子」釈である。

「真仏弟子」と言うは、「真」の言《ごん》は偽《ぎ》に対し、仮《け》に対するなり。「弟子」とは釈迦・諸仏の弟子なり、金剛心《こうごうしん》の行人《ぎょうじん》なり。この信・行に由《よ》って、必ず大涅槃を超証《ちょうしょう》すべきがゆえに、「真仏弟子」と曰う。

（『教行信証』「信巻」）

真実信心すなわちこれ金剛心なり。金剛心すなわちこれ願作仏心《がんさふっしん》なり。願作仏心すなわちこれ度衆生心なり。度衆生心《どしゆじようしん》すなわちこれ衆生を摂取して安楽浄土に生ぜしむる心なり。

（同前）

阿弥陀仏の本願に発する真実の信により、末法にもよらず真の仏弟子となり、釈迦・諸仏の弟子と同格になれる。同時に金剛心がそなわる行人となり、かならず大涅槃を超証するという。

また仏よりたまわる真実信心は金剛心なるゆえ、願作仏心すなわち成仏を希求するこころ、このこころは衆生をすくい、自他を利益して安楽浄土に生まれさせる。親鸞がこのように確信するのは、関東に移住して後であろうが、それは論証のうえだけでなく、源空という本願念仏に信順した真実・信心の行人、真の仏弟子を現に見ていたからである。

源空和讃

よく源空という師に遇えたものである。「親鸞におきては、ただ念仏して、弥陀にたすけられまいらすべしと、よきひと（源空）のおおせをかぶりて、信ずるほかに別の子細なきなり」（『歎異抄』）、「弥陀の五劫思惟の願をよくよく案ずれば、ひとえに親鸞一人がためなりけり」（同前）とは、このとき親鸞が発した言葉でないか。これより後のことであるが、親鸞は越後から関東に移住してのち京都に帰る。京都に帰った親鸞は師の遺跡《ゆいせき》をとぶらい、師を追憶して一連の「和讃」をささげる。

本師《ほんじ》源空世にいでて
弘願《ぐがん》の一乗ひろめつつ
日本一州ことごとく

浄土の機縁あらわれぬ
智慧光のちからより
本師源空あらわれて
浄土真宗をひらきつつ
選択本願のべたまう

（「浄土高僧和讃」）

二　浄土真宗をひらく——東国へ移住

千部読誦と翻意

源空が没して二年後の建保二（一二一四）年、親鸞は妻恵信尼とともに上野《こうずけ》国の佐貫荘（群馬県邑楽郡明和町）に来ていた。親鸞は四十二歳、恵信尼三十三歳。越後で生まれた信蓮房は四歳で、その姉（のち小黒女房）も連れていた。

ここで親鸞は衆生利益のため願をたて、「浄土三部経」の千部読誦を思いたち、威儀をととのえて気張って経を読みはじめた。「浄土三部経」は全部で四巻、千部読誦となると四千巻にもなる。経は写本で巻物仕立て、昼夜六部を読むとして、千部におよぶのは達者な人で五ヶ月は要するのではないか。

ところが親鸞は経を読みはじめて四、五日して読経を思いとどまり、常陸《ひたち》国へ向け旅立った。親鸞の没後に恵信尼が娘の覚信尼にあてた手紙に、親鸞の生前を追憶して書きとめられていたことである。

衆生利益のために経を読むということは古来よく行われてきた。仏道修行といえば必ず読経がともなう。近くは親鸞が修行した比叡山延暦寺において、開祖最澄いらい『法華経』『最勝王経』『大日経』を昼夜読誦するのが天台修行僧の日課とされていた。浄土経典の『無量寿経』にも「たとい大火ありて三千大千世界に充満せんに、要《かなら》ず当《まさ》にこれを過ぎてこの経法を聞きて、歓喜信楽し、受持読誦し、説のごとく修行すべし」と説かれている。また『観経』には上品上生を得るには「大乗方等経典を読誦す」と説いている。そのころ経典の読誦には尊厳があり、身心を清め浄衣に改め、仏堂を荘厳して彫像または絵像の本尊を迎え、礼盤に坐しておこなうのが通例である。

上野国の佐貫荘で親鸞が衆生利益のため「浄土三部経」の千部読誦を発願したという。場所は荘内ゆかりの仏堂で善光寺如来像に模した本尊でも安置されていたのだろうか。施主の所望で千部を限ってはじめた読経なら、四、五日で思いなおして中止するわけにいかない。親鸞みずから千部読誦をこころざして始めたことのようである。

読経を途中で思いとどまらせたのは善導の『往生礼讃』の言葉「自ら信じ人を教えて信ぜしむ。難きが中に転《うた》た更《また》難し、大悲伝えて普《あまね》く化する、真に仏恩を報ずるに成る」であった。人におしえを伝えようとするなら、まず自らおしえをよく信じたうえで、人に信じさせる。これこそ真に仏の恩に報いたてまつることになる。つまり「南無阿弥陀仏」の名号を自らよく信じて称え、人に名号をすすめるほかはないのに、何が不足でことさら読経に励もうとするのか。仏の広大な慈悲のはたらきに目覚めぬ、自負心や自尊心のわざである。そう気づいて親鸞は読経をやめ上野国佐貫から常陸国に発ち去った。

東国の源空門弟たち

親鸞が関東に向けて越後を発った時期は明らかでないが、建暦二（一二一二）年、源空の滅後、一、二年のことである。道筋は越後の頸城郡を南下して信濃の筑摩郡に入り善光寺平に出る。それより更科・上田をへて佐久郡から碓氷峠をこえ上野国に入ったようである。親鸞がたどって行く道は、かつて源頼朝が善光寺本堂の再建助成を信濃の御家人・目代に命じたこともあって、上信越の要路となり人馬の往来がさかんであった。

関東では各地の領主たちが御家人として鎌倉幕府につかえ、武士の世界が開けていた。御家人のなかには京都大番で上京したおり、源空をたずねておしえをきき弟子になる者が少なくなかった。源空門下の伝記で関東出身の弟子筋につながる人は、鎌倉二品禅尼（北条）政子および西明寺禅門北条時頼はじめ御家人十名が行跡を残している（『法然上人行状絵図』）。親鸞が越後から関東に移住したのも、これらの人びととの縁故によるところがあったのでないか。これら関東各地に居住した源空門下のうごきから、親鸞が関東をめざした事情をうかがうことができる。

親鸞がはじめに入った上野国には御家人の薗田太郎成家がいた。薗田（桐生市）は上野国東部で佐貫荘に近い。『法然上人行状絵図』によると、薗田成家は正治二（一二〇〇）年秋、大番勤仕のため上洛して源空を庵室に訪う。罪悪生死の凡夫は弥陀の本願に乗じて極楽に往生する、無常をいとい浄土の不退を願えと諭され、生年二十八歳で出家して常随給仕六ヶ年。元久二（一二〇五）年、下国して家子郎従二十余人を出家させる。酒長《すなが》の御厨《みくり》小倉の村に庵室をむすび一心に弥陀を念じ「小倉の上人」と称された。庵室の西に一町余（百メートル）をへだてて一間四面の御堂を建て、御堂の妻戸と庵室の戸を開けて向かいあわせにし、御堂仏前の灯明を摂取の光明にみたて「光明遍照十方世界、念仏衆生摂取不捨」の文をとなえ、念仏おこたることなく宝治二（一二四八）年に七十五歳で没する（『法然上人行状絵図』二十六巻）。親鸞とほぼ同世代であるから、二人は薗田か佐貫荘で親しく会っていたと思われる。

同じ上野国の御家人大胡《おおごの》小四郎隆義は勢多郡大胡の住人で、上京のとき吉水の禅坊で源空の勧化をうける。下国して源空給仕の弟子相模国渋屋の七郎入道道遍をたのみ、至誠《しじょう》心・深心・回《え》向発願《こうほつがん》心の三心について源空の消息を入手している。子息大胡太郎実秀もこの消息を父から相伝のうえ、同国勢多郡小屋原《こやわら》の蓮性を介して源空に不審をたずね、弟子の真観房感西より代筆の消息を遣わされている。善導の「もし我れ成仏せんに十方衆生、我が名を称して生れざれば正覚を取らじ」云々の文を日頃となえ、もっぱら阿弥陀仏の名号を称念した。生死をはなれ三界を出るには往生極楽の道のみ。念仏は仏の本願なるがゆえ、願力にすがって往生することはやすいという、源空の消息（正月二十八日付）をいただき一向に念仏し、寛元四（一二四六）年に往生をとげた。妻室もまたこの消息により称名の行おこたりなく往生の素懐をとげている（同第二十五巻）。父の小四郎隆義とともに上野で親鸞に会い、源空の消息など呈示していたのではないか。

隣国の下野《しもつけ》（栃木県）では宇都宮の弥三郎頼綱がいる。頼綱が家子郎従をひきつれ武蔵野で熊谷直実に行きあう。そこで直実に「郎従を大勢つれていても無常の刹鬼《せつき》は防ぎがたい。弥陀如来の本願により念仏すれば一人当千の兵にもまさる」と諭される。頼綱は大番勤仕のため上洛のついでに承元二（一二〇八）年十一月八日、源空を勝尾の草庵にたずね念仏往生の教訓を受け一向専修の行者となる。源空なきあと証空の弟子になり『観経四帖疏』を読みならい、出家して実信房蓮生と号した。（同二十六巻）

つぎに武蔵国（埼玉県）では、猪俣党の甘糟太郎忠綱がはやくから源空の弟子になっていた。建久三（一一九二）年十一月、山門（延暦寺）の堂衆が日吉《ひえ》八王子社に城郭を構えたのを勅命により攻略した。源空の袈裟を鎧の下にかけて戦い、太刀折れ疵《きず》を負い合掌し高声念仏して討たれた（同二十六巻）。また同国那珂郡の住人弥次郎入道は源空の教誡を蒙り一向専修の行人になった。師より与えられた消息を秘蔵して指南とし、念仏の返数をさだめず常に西方に向かって高声でとなえた。病みつくと、訪れた近隣の蓮台房に師の消息ならびに和語の書物など年来秘蔵のものを与え『往生礼讃』をとなえ、念仏三返、端座合掌して息絶えた（同二十五巻）。

また熊谷郷（埼玉県熊谷市）の熊谷直実（蓮生・法力房）は、一ノ谷の戦で平家の若武者敦盛を手にかけ無常を感じて出家したとして知られる。実際には御家人久下直光との所領争いの論議に敗れて髪を断ったものらしい。直実は京都吉水で源空の弟子になり、親鸞とよく知りあう間柄であった。たとえば、あるとき源空の弟子が大勢集まっていたおり、親鸞の提案で「信」が先か「行」が先か、席を両方に分けて各自えらんで着座することになった。聖覚と信空はまず「信」の座へ、遅れてきた熊谷直実も同じ座に。最後に記録係の親鸞と師の源空も「信」の座についたという。直実は親鸞より三十歳ほど年長で、念仏停止のあった翌承元二（一二〇六）年、六十八歳で没している。かねて衆生利益を願い、それを果たすには上品上生の往生しかないと決意し、相当の修行にはげんだ。晩年に往生の日時を予告し、その日に礼盤にのぼり香炉を手にして命終した。最後の場所は京都東山山麓とも、武蔵の熊谷郷ともいう。その名跡は息男の小次郎がついだ（同二十七巻）。

無智と有智

同じ武蔵国津戸《つのとの》（東京都国立市）三郎為守は十八歳のとき源頼朝にしたがい石橋山で戦っていらい戦功があった。建久六（一一九五）年、東大寺供養会に上洛する頼朝に供奉して、源空を訪ねて合戦の罪を懺悔して念仏往生の道を聞き、ひたすら称名念仏の行者になった。帰国しても念仏を怠らなかった。ある人が「熊谷直実や津戸三郎為守は無智で、他の修行がかなわぬから、師の源空上人は彼等に念仏だけを勧めるのだ。有智の人には必ずしも念仏ばかりではない」と云った。それを伝え聞いた津戸三郎は上人に質問状を出して、不審の事柄についてたずねた。それについて源空がくわしく答えた返事が残っている。

まず無智と有智の者に対しておしえが違うのではないかという不審について、源空は次のように答えている。

〔訳〕取り違えもはなはだしい。十方衆生のため有智・無智も、有罪・無罪も、善人・悪人も、持戒・破戒も、貴賤・男女も、仏の在世・仏の滅後も、末法万年後の衆生まで、すべてみな選ばず本願にこめられている。弥陀の化身である善導が専修念仏をすすめられたのも、ひろく一切衆生のためであって、無智のものに限るということはない。私は有智・無智を論ぜず、皆に念仏の行だけをすすめている。有智・無智のへだてがあるなどと、虚言をいいふらし、念仏を妨げる者は浄土のおしえも聞かず、三悪道にかえるであろう。

（『法然上人行状絵図』二十八巻趣意）

源空にしてはきびしい言葉でいましめている。念仏は無智の者へのすすめ、有智の者には別のすすめがある、といううわさは広がっていて、何かと取り沙汰されたようである。それだけに津戸三郎宛の源空の手紙はよく読まれて書き継がれたらしい。親鸞もこの手紙を写しとって所持している（『西方指南抄』下）。同じ手紙で源空は念仏のこころがけについても述べている。

〔訳〕念仏を申されるには、常にこころをかけて、口に忘れず称えるのが結構なことである。念仏はもとより行住坐臥・時処諸縁をきらわぬ行であるゆえ、たとい身も口もきたなくても、心をきよくして、忘れずに称えるのが殊勝である。（同趣意）

根本の弟子

また津戸三郎為守は津戸郷内に念仏所を建て、源空の弟子で一向専修の念仏者である浄勝房・唯願房を住まわせ、不断念仏を催したことがある。すると津戸三郎が聖道の諸宗を誹謗して専修念仏を興行していると、将軍源実朝に讒訴《ざんそ》する者があって呼び出されることになった。三郎は京都の源空のもとへ飛脚で問い合わせ、返答の仕方について文書にくわしく書いてもらい指導をうけた。そのほか三郎は源空書写の抄物類や所持の袈裟と念珠を所望し、「尊願」という法名まで与えられていた。年齢は親鸞より十歳年長で、師の源空と同じ年齢の八十歳にあわせて自害して往生をとげた。その前年十月二十八日から浄勝房など念仏者により三七日の如法念仏をはじめ、十一月十八日結願の夜半に高声念仏しながら自ら腹を切り、内臓を取り出してひそかに川へ棄てさせた。そのまま苦痛もなく翌年正月十三日まで存命して気力があり、後日正午に念仏とともに息たえたという（『法然上人行状絵図』二十八巻）。

親鸞が越後から関東に移りすむころ、津戸三郎為守の旺盛な存在はよく聞こえていたはずである。武蔵の津戸三郎はじめ上野の大胡太郎実秀・相模の渋屋道遍の三人について、親鸞は源空の「根本の弟子」と称している。

津戸三郎の壮絶な往生は仁治四（一二四三）年正月十五日のことで、そのとき親鸞は京都に帰っていて七十歳をこえていた。のち康元元（一二五六）年に親鸞は津戸三郎宛の源空の消息を書写して次のように記している。「つのとの三郎というは、武蔵国の住人なり。おおご（太郎）・しのや（道遍）・つのと（三郎）、この三人は、聖人（源空）根本の弟子なり。つのと（三郎）は生年八十一にて、自害してめでたく往生をとげたりけり。故聖人往生のとしとて、したりける。もし正月二十五日などにてやありけん。こまかにたずね記すべし」。津戸（三郎）の自害往生は源空命終の年齢八十歳と、その命日の正月二十五日を期したのではないか、くわしく調べて記しておかねばならぬ、と言っているのである（『西方指南抄』下）。

師亡きあとの親鸞の境涯

これら関東の念仏者たちの行状を通してみて、いずれも源空の門弟につらなり、親鸞より年長または同輩である。なかには熊谷直実法力房蓮生のように、かつて京都の源空の草庵で親鸞に親しんだ者もいた。また津戸三郎為守は領内に念仏所を建て念仏僧二人を置いて不断念仏をおこない、源空の手紙や抄本まで所持している。無智の者のため念仏をすすめるとの評があると、即座に飛脚で源空の真意を確かめるなど滞留はない。すみやかに生死を離れるに本願念仏のほかはないと決し、称名念仏の一行にはげみ、往生を予告して臨終正念を期すなど、直情・決断・覚悟・敢行は武士の気風であろうか。日頃となえる文は「光明遍照十方世界、念仏衆生摂取不捨」「若我成仏十方衆生、称我名号下至十声」云々など、潤色はあるにしても源空のおしえに徹する風儀がうかがえる。

親鸞が関東をめざす前に、これら関東各地に散在する源空門下の人びとの動静は越後にも伝わっていただろうし、関東で源空の門弟と称する人びとの間にも、越後に滞在する善信房のことは聞こえ、その気概と学識は知られていたはずである。この世において師に会えなくなってしまった今、同輩の弟子たちは師のおしえをどのように聞き伝えているのか。会って話してみたいと親鸞は思う。彼等が所持している師の消息や聖教の抄物はどのような内容なのか。手にとって読んでみたい。彼等の行状とともに聞きおよぶ念仏往生の決断・覚悟・敢行はどのような意趣なのか。そこに「我見」「自力」などの紛れはないのか。師の源空のおしえをどのように受け止めているのか、確かめてみなければならない。

上野国邑楽《おうら》郡の佐貫で、親鸞が事ごとしく「浄土三部経」を読みはじめたのは、源空の御家人門弟の中にみられる武士の気風にも促されたのだろうか。人びとをすみやかに生死から離れさせるための念仏の一行なのであるが、そう決着しないで読経の功徳をたのむ向きもあったろう。たしかに真実の念仏には決断と覚悟がともなう。そこを我見や自力によらず、おのずから催して超越させる作用がある。それを本願という。源空のすすめにより人は念仏するが、源空のとなえた本願の念仏の理と作用は伝わっているのか。源空の消息や抄物を所持していても、専修念仏の理に即して読み通せるのか。それには仏教の教理を知り、歴史の事実にめざめなければならない。

源空の存命中は、念仏について不審があれば、有力な弟子の取り次ぎにより源空の解答がえられたが、源空なき今それはかなわない。津戸三郎のように僧を招いて不断念仏を行えば、専修念仏を興行して聖道の諸宗を誹謗する者として嫌疑を招き鎌倉へ訴えられもする。津戸三郎は鎌倉での陳述の要旨を源空に頼んで書き送ってもらっている。念仏者に対しておりおり寄せられる非議や中傷にどう答えられるか。

源空のおしえを確かめようとすれば、事につけ親鸞に聞けば明快な答えが得られる。親鸞はつねに自分が聞いた源空のおしえにより、源空のこころを確かめ、その根拠を経釈の文に返して説いた。親鸞は問われることを釈迦の経説はじめ浄土祖師の論釈に確かめ、根拠のないことは言わない。

このように関東の各地に居住する源空の門弟のなかで、師のおしえの真意が取り沙汰されるなかで、親鸞が招かれて関東へ移住したとも考えられる。そこで親鸞を常陸に招き笠間郡稲田に住まわせたのは宇都宮三郎頼綱だともいわれる。宇都宮頼綱は下野国の有力な領主で、はやく上京して源空に師事してのち出家したが、上野から常陸に入って笠間郡（新治東郡）を領有していたという。有力な御家人であった頼綱は、承久の乱には鎌倉留守居役をつとめたとされる。

三　常陸にて――王法のおとろえ

下妻にて

親鸞が越後から上野をへて常陸国に入り、最初に所在が知れるのは下妻荘の幸井郷《さかい》（茨城県下妻市坂井）である。上野の国境からおよそ二日の行程であろうか、筑波山が東にみえる。

恵信尼の手紙によると、彼女は親鸞とともに下妻荘幸井郷にきていたとき夢をみた。どこかの御堂供養の宵祭りの様子で、東向きの御堂正面には松明《たいまつ》をともして明るい。その後ろに鳥居のようなものに木を渡して仏画が掛けてある。一体は仏の顔がそれと拝めず頭光のように輝いている。もう一体はまさに仏の面貌である。そばに人がいて言う。あの頭光のように輝くのは法然上人で勢至菩薩である、もう一体の方は観音菩薩で、あれこそ善信房（親鸞）であると。そう聞いて恵信尼は夢からさめた。

恵信尼はこのような不思議な夢は口外するものでないと心得ていたが、頭光ばかりの法然上人の夢のことを親鸞に話すと、それこそ実夢である、法然上人を勢至菩薩の化身だという夢は人がよく見る。夢に仏の顔が光り輝いてみえたのは、勢至菩薩が智慧の極まりであるからであると。一方の善信房が観音の化身であるという夢は恵信尼の胸に秘めて他言しなかった。

恵信尼の夢に仏の絵像が二体あらわれたが、これまで恵信尼が見てきた類の掛軸の仏画だったのか。親鸞が所持する絵像・聖教類のなかに『選択集』とともに源空の絵像はあった。親鸞はつねに源空のことを恵信尼に語っていたし、彼女も源空をよく知っていた。二人で関東に移ってきて、源空の徳望がひろく及んでいることも改めて知ったのであろう。

下妻に来てみると常陸国はひろい。古代国家のころ大国とされ、国守は大守と呼ばれて親王が任じられていた。国府は茨城郡石岡（茨城県石岡市）にあって、国衙はじめ国分・国分尼寺が置かれた。下妻は常陸国の西部にあたり南北に開けている。北は結城から鬼怒川をさかのぼると宇都宮に達し、南は水海道から取手をへて利根川におよぶ。東には筑波山が近くにそびえ、麓を南に迂回すると霞ヶ浦を右にみて国府に着く。それより東は遠く那珂湊から鹿島に広がって鹿島灘にいたる。土地はひろく平坦なうえ気候温暖である。

鎌倉に武家政権が成立して三十年、佐竹氏はじめ幕府をささえる有力な領主たちが開発をすすめ、常陸はその名のように広大《ひろ》く肥衍《つちこ》えて活力が培われていた。神社では延喜式内社で筆頭の鹿島神宮が一ノ宮、久慈郡の静神社が二ノ宮、那賀郡の吉田神社が三ノ宮で、国分・国分尼寺は国府（石岡）にある。在来の仏徳や神威の増す常陸では、新たな信仰に主体を寄せる傾きがあったのであろうか。

親鸞ははじめ常陸に来て、真壁郡司小島《おじま》武弘の招きで小島荘（下妻市小島）で三年を過ごしたという。いま「小島の草庵趾」として遺跡が伝わる。

念仏停止のむくい

ところで、親鸞が常陸国に落ち着いた頃、承久三（一二二一）年五月に承久の乱が起きた。後鳥羽上皇が京都の鳥羽城南寺で流鏑馬《やぶさめ》の名のもとに近国の兵を催したのが始まりである。幕府はただちに西上軍を発遣し、東海道より主力十万余騎、東山道軍五万余騎、北陸道軍四万余騎、あわせて総勢十九万余騎が編成され都をめざして攻め上った。戦は一ヶ月で幕府軍の圧勝に終わる。後鳥羽上皇は隠岐に配流、その皇子である土御門院と順徳院はそれぞれ土佐と佐渡に流され、乱の首謀者とみられる院の近臣の公家たちは、関東へ護送される途中で斬られた。

このとき鎌倉から東国各地の御家人に兵馬催促の沙汰がおよび、上野・下野・常陸・武蔵・安房・相模・上総《かずさ》・下総《しもうさ》は、あげて騒然とした状況になった。後鳥羽上皇以下の配流と近臣の断罪が行われたという知らせも旬月の間に関東に伝わった。親鸞はこの騒ぎを常陸の笠間で見聞したのだろうか。

十五年前の承元元（一二〇七）年に後鳥羽院の宣下により念仏が停止せられ、師源空とその弟子たちが流罪と死罪に処せられた。その後鳥羽院と近臣が今度の乱により同じ「罪過」に処せられたことになる。世の念仏者のなかに後鳥羽院の隠岐配流を念仏停止のむくいだと、ひそかにうわさする者がいたという。以下『拾遺古徳伝』からの趣意抄出である。

〔訳〕場面は承元元年の念仏停止により、住蓮と安楽が処刑され源空が配所へおもむくところ。そんな事態におよんでも源空がなお一向念仏の教えを説きつづけるのを、弟子の西阿がいさめる。それをさえぎって源空がきっぱりと言う、「我たとい死刑におこなわるとも、さらに変えるべからず」。後に承久の乱により上皇が隠岐に流され近臣が処刑されたとき、源空の弟子の一人が言った。あれほどの信念の師を処罰したのだから、その報いであろう。念仏停止の沙汰あるごとに必ず凶事があるのだからと。

伝言者は法蓮房信空、源空門下でも知行兼備で知られる。源空の念仏興行の熾烈な意志が、念仏を停止する国家の側に凶事をもたらすと言うのであろう。凶事のはじまりとして念仏停止の行われた承元元年の翌年五月、法勝寺の八角九重大塔が雷火による焼失のことがある。それにつづいてこのたび承久の乱により後鳥羽院の隠岐配流におよんだ。

このような風説が一部の念仏者のあいだで語りつがれていたのである。世間の人たちは皆そのことを知っている。くわしくは述べられないが、前に起きたことを忘れないようにして、後に起きることのいましめにせよと、世のため人のため注意をうながすとまで言っている。

念仏亡国説

これとは反対に、念仏は不吉で亡国の響きがあるという。住蓮・安楽のように念仏を節にのせて唱える者がいたために、承久の乱が起きて王法がおとろえた。国家に不祥事が起きるのは、専修念仏が世にひろがったためであるという「念仏亡国」説が取り沙汰されていた。すでにみたように比叡山延暦寺の慈円が源空による念仏のひろまりを魔の所為、法滅の相だと忌避していた。ここでは「亡国の音」「乱世の声」である念仏の流行が、承久の乱を引き起こし王法を衰えさせたという世評である。念仏流行と承久の乱に因果関係をもとめ念仏を非難するもので、十三世紀末に著わされた歌論書『野守鏡』（下）にも伝えている。

かの念仏は、後鳥羽院の御代の末つかたに、住蓮・安楽などいいし、その長としてひろめ侍り。これ亡国の声たるが故に承久の御乱いできて王法衰えたりとは、古老の人は申侍し。

それでは「亡国の声」とは何か。『野守鏡』は中国古典の『礼記』楽記篇により、次のように論じている。

国家の治乱、仏法の興廃、ひとえに礼楽によるゆえなり。弘決（『止観輔行弘決』）に云う。礼を制し楽をおこして、五徳を世におこなう。仏教の流化まことにこれによれり。礼楽さきにはせ、真道のちにひさしといえり。又『詩』序に、おさまれる世のこえは、やすくしてたのしめり。みだれる世のこえは、うらみていかれり。又『文選』に関雎麟趾《かんしようりんし》には、正治の道あらわれ、桑間濮上《そうかんぼくじよう》には亡国の声あらわる。又孝経云、国を治め民をなづくるには、礼よりよろしきはなし。（カッコ内筆者）

（『野守鏡』下）

国家が治まるか乱れるか、仏法が興隆するか廃退するかは、礼と楽によって決まる。すなわち君臣・親子・夫婦・長幼などの礼儀がととのい、糸・竹・金・石・革など楽器の調律、文字七調子および律呂など楽が調和すれば、仁・義・礼・智・信の五徳がおのずと行われ、真実の仏道が実現する。

中国の古典である『詩経』序には、

治世の音は安んじて、もって楽しむ。その政和すればなり。乱世の音は怨《うら》みて、もって忿《いか》る。その政乖《そむ》けばなり。亡国の音は哀《かなし》みて、もって思えり。その民困《くる》しめばなり。

という。善政が行われて世の中がよく治まると、人びとが楽しむので声も安らかである。悪政が行われ世の中が乱れると、人びとが苦しむので声も哀れになるというのである。

「亡国の音」「乱世の声」について『礼記』楽記篇で「鄭衛《ていえい》桑間の音」という。中国の春秋時代に鄭・衛の二国があり、二国ははやく亡びてしまった。その衛国に濮水という河があり上流に桑間という所がある。殷《いん》の紂王《ちゅうおう》が音楽家の師延に靡々《びび》の音楽を作らせたところ、師延は「亡国の音」を作ったことを悔い、濮水に身投げした。その後師延の弟子師涓が夜、濮水を通りすぎて「亡国の音」を聞きとり、晋王の前で奏したところ、王は即座に「亡国の音」だと言って演奏をやめさせた。それから中国では靡々すなわち淫猥なひびきの音楽が世に行われると、国が亡びると言われるようになった。

度重なる念仏停止

ところで、このような『礼記』『詩経』の「亡国の音」説により源空の専修念仏を非難しつづけるのは主として比叡山延暦寺であった。すでに建保五（一二一七）年五月、延暦寺大衆法師らは源空とその弟子成覚房幸西と空阿弥陀仏（空阿）の主唱する専修念仏の停止を朝廷に訴え「口に哀音を出して、永く理世の風に背く。化身に暴虐を行い、ほとんど治国の蠹害《とがい》と成る」と言い、釈門の怨敵、国家の竊盗とまで呼んでいる（「延暦寺大衆解」）。ここで「蠹害」というのは虫が物を喰って害を及ぼすことをいう。源空が流罪に処せられて没後五年も過ぎるのに延暦寺は念仏非難をつのらせるばかりである。また同七年閏二月に左弁官より僧綱所への下文に「専修念仏の輩を糾弾せしむべき事」として破戒の沙門が道場に集まり、仏号を唱えると偽って「妄りに邪音を作して、ほしいままに人心を放逸せしめ」るとしている。

その後も延暦寺の専修念仏非難はやまず、承久の乱後の貞応三（元仁元　一二二四）年五月に延暦寺は三千大衆法師の訴えとして、勅裁により一向専修の停止をもとめている。その内容は六箇条にわたり、（一）弥陀の念仏をもって別に一宗を建てる。（二）一向専修の党類は神々にそむく。（三）中国・日本で一向専修が行われると不吉の起きる例がある。（四）諸教をすて弥陀仏を専念する終末の時期に、まだ至ってはいない。（五）一向専修の輩は経にそむき師にさからう。（六）一向専修を停止して護国の諸宗を興隆されるべし。以上各条ごとに古代国家いらいの「鎮国・神国」の理念のもとに故事をあげ『大集経』『法華経』『無量寿経』など経文をあげて、専修念仏の「不当」を論じたてる。いまに伝わる念仏弾劾書のなかで最も詳細で論点がひろがる。専修念仏の排斥は、この後も嘉禄三（安貞元　一二二七）年、天福二（一二三四）年とつづいている。

親鸞が源空の弟子になり、承元元（一二〇七）年の念仏停止により師とともに流罪になっていらい、越後から関東をへて帰洛して没するまで念仏禁止が繰り返されている。これら度重なる専修念仏の禁止が親鸞の思想形成の背景にあって著述をうながしたに相違ない。とりわけ貞応三（一二二四　元仁元）年五月「延暦寺三千大衆法師」の訴えを『教行信証』の背景にして読むと符節がよくあう。ひろげてみると親鸞の著述すべてが源空のすすめた選択本願の顕彰であり、念仏禁止をただす意図でつらぬかれている。とりわけ『教行信証』と「和讃」は本願念仏を大乗仏教の教行証にもどして論証・称讃し、顕密仏教はじめ国家に対して時機相応の仏道を開顕したものとみられる。これらのことを親鸞の著述から読みとるには、さしあたり源空のとなえた専修念仏に対する批判の内容を確かめることである。

四　嘉禄の法難と隆寛

嘉禄の法難

嘉禄三（安貞元　一二二七）年の念仏停止は、延暦寺大衆が勅裁をえて断行したもので過酷であった。隆寛・幸西・空阿は「一向専修の張本、仏法の魔障《ましょう》、諸宗の怨敵」だとされ、流罪。彼らが「御廟」と称して崇敬する吉水の墳墓を暴いて源空の遺骸を鴨川に流すと予告した。弟子たちは事前に遺骸を掘り出して他所へ移して荼毘に付した。

事の起こりは、天台の学者定照が『弾選択』を書いて源空の『選択集』を指弾したのに対して、隆寛が『顕選択』を著わして定照の説を論破した。そのなかで隆寛が定照を嘲笑して「汝が僻破のあたらざる事、たとえば暗天の飛礫のごとし（『選択集』を批判しているのは見当はずれも甚だしい。闇夜にみえぬ相手に石を投げつけるようなものだ）」と評したのに、延暦寺大衆が激怒したのである。

隆寛と親鸞

隆寛の配所は奥州と定められ、嘉禄三年七月、隆寛は京都を出発した。鎌倉を過ぎたところで同門の西阿の取りはからいで相模の飯山（神奈川県厚木市）に留まることになった。配所の奥州へは代人をつかわし、隆寛は飯山に滞在して同年十二月十三日に没した。八十歳であった。師の源空と同じ寿命である。隆寛は少納言藤原資隆の三男で、出家して延暦寺に入り範源についで慈円の弟子となり法印・権律師にまでなったが、名利をいとい源空に親しんでおしえを聞き浄土往生を願った。毎日『阿弥陀経』を四十八回読み、念仏は日に三万五千返から六万返におよんだという。

隆寛が流されて相模の飯山にとどまったとき、親鸞は五十五歳で、僧位僧官からしても隆寛よりよほど後輩にあたるが、親鸞は隆寛に心底から畏敬の念を抱いていた。それは隆寛の源空を追慕する念の深さによる。かつて隆寛は源空を次のように讃えていた。

普く道俗に勧めて弥陀仏を念ず。能《よ》く念ずれば皆、化仏《けぶつ》菩薩を見たてまつる。明らかに知りぬ、称名は往生の要術なることを。宜《よろし》きかな源空、道を慕い物を化す。信珠心にあり、心迷境を照らす。疑雲永く晴れ、仏光円《まど》かに頂く。

（『尊号真像銘文』）

あまねく道俗にすすめて弥陀仏を念ずという、源空が念仏をすすめるのは人びとをたすけるためであった。弥陀仏をよく念ずれば誰でもみな化仏・菩薩を拝むことができる。念仏こそ往生の要術であると。親鸞は隆寛の源空に寄せたこの賛辞を書きとめて、終生反復して忘れなかった。

また親鸞は隆寛の著わした『一念多念分別事』を入手して読み、弟子たちに書写して与え必読をすすめた。そのうえ解説書をつくり『一念多念文意』と名づけて弟子に推奨している。「一念多念」というのは、念仏者のあいだで、念仏は一度となえて満たされるか、多くとなえなければ満たされないのか、となえる念仏の質と数を問題にしてしきりに論争が生じていた。それに対して隆寛が、一念をたてて多念をきらい、多念をたてて一念をそしる、ともに本願のむねにそむく、一念をはなれたる多念もなく、多念をはなれたる一念もなきものを、と自らとなえる念仏の経験を仏心にかえして、念仏のこころを人に諭したものである。

嘉禄三（一二二七）年仲秋八月のころ、隆寛が奥州に流される途中、相模の飯山にとどまったことが常陸の親鸞に聞こえたとする。それを聞いた親鸞が飯山に隆寛を訪れぬはずはない。常陸から下総・武蔵二国の接する境を越えると相模は遠くない。親鸞は隆寛に深い敬意をもって会い親しく語り合った。奇しくも二人はともに「配所の月」を見ることになった。「月は武蔵」といい伝え坂東では月が美しいとされる。師の源空が在世中あまねく道俗に念仏をすすめて流罪になったこと、このたび嘉禄三年におよぶ京都での念仏停止のありさまなど、二人の話はつきない。貞応三（元仁元　一二二四）年五月の「延暦寺三千大衆解」の内容についても、親鸞はこのときくわしく知ったのでないか。同じ延暦寺の名だたる地位にあって『弾選択』を書いた定照に対して、あえて『顕選択』を書いて正面から反論した隆寛である。親鸞はこのころ自著『教行信証』の草稿をすすめていて『顕浄土真実教行証文類』の題名を掲げていた。「顕浄土真実」と題するとき、隆寛の著『顕選択』の「顕」の一字を礎にしたのではないか。

本願念仏によるすくい

師の源空が生涯かけて明らかにしたのは如来の選択本願の念仏である。隆寛の言葉によれば、あまねく道俗をすくう道は往生浄土の要術、称名念仏あるのみ。念仏により信心の珠を磨き、疑いの雲をはらって、迷いの闇を晴らすのは念仏である。ここで親鸞は自らの使命は、往生浄土の要術である念仏の根本原理を明らかにし、その救済原理と機能を体系化することであると決意した。そのためには、自ら至心に念仏して弥陀如来の本願の根源をたずね、その根拠を釈迦の経説と三国高僧の論釈により検証して重厚に裏づけなければならない。

そのうえで本願の帰結としての、浄土真実の教・行・証をおのずから明らかにしなければならない。その浄土真実の教・行・証を顕現させる現場こそ末法無戒の世であり、その主体は「真の仏弟子」としての愚禿親鸞であった。もちろん、念仏停止のたびに凶事が起こるなどという、怨念や復讐の世論に泥《なず》んではならない。それと反対に念仏を亡国の音などと糾弾するのは仏説に背くのもはなはだしい。如来清浄本願の智慧の念仏こそ世の盲冥を照らす光である。如来の本願を疑い念仏を誹謗する人たちも、やがて自ら偏見と頑迷にめざめて、如来の清浄本願に帰して念仏するであろう。そのこころを親鸞はのちに次のように語っている。

念仏をとどめられそうらいしが、世にくせごとのおこりそうらいしかば、それにつけても、念仏をふかくたのみて、世のいのりにこころいれて、もうしあわせたまうべしとぞおぼえそうろう。（中略）念仏もうさんひとびと、わが御身の料は、おぼしめさずとも、朝家の御ため国民のために、念仏もうしあわせたまいそうらわば、めでとうそうろうべし。

（性信房宛消息「御消息集」〈広本〉）

「かつて朝廷で念仏停止がなされたとき、法勝寺大塔の雷火による炎上や承久の乱で三上皇が流されるなど、世のなかに凶事が起きた。それにつけて念仏停止による仏罰などと言いはやすことをやめ、念仏を深くたのみ、世のなかが安穏であるようにこころにかけて祈り、たがいに念仏を申されたい。念仏してみずからの往生の定まっていると思う人は、自分のためでなく朝廷のため、国民のため、おたがいに念仏をもうされれば結構なことだと存じます」という趣意である。

五　聖覚と『唯信鈔』

聖覚と親鸞

　おなじ源空門下で、隆寛とともに親鸞が親近したのは聖覚である。聖覚は法印大僧都澄憲《ちょうけん》の子で、少納言藤原通憲（信西）の孫にあたる。延暦寺に学び法印権大僧都にのぼり京都大宮の安居院《あぐい》に住んだ。父澄憲とともに説法の名人で天下の「大導師」と仰がれ、学問と弁舌にたけた智弁の人と称せられた。源空の浄土往生のおしえに信伏して、わかりやすく念仏往生の道を人びとにすすめた。源空と聖覚の親密な間柄については、さきに源空の生前に行われた謝徳法会に聖覚が作った表白にうかがったところである。

　聖覚は親鸞より九歳年長であったが二人ははやくから親交があった。若い親鸞をともない吉水の源空に引きあわせたのは聖覚であるとの伝えさえある（第三章）。親鸞は聖覚の豊かな学識と平明さ、気さくな人柄と機知に親しんだようである。承元の念仏停止いらい二人は別れてしまったが、その後聖覚は承久の乱直後の承久三（一二二一）年八月に『唯信鈔《ゆいしんしょう》』を著わして親鸞との関係はさらに深まった。

『唯信鈔』にまなぶ

『唯信鈔』は源空の『選択集』の趣旨を和文でやわらげ、親しみやすく述べていて、念仏往生のこころが伝わりやすい。親鸞はこれより九年後の寛喜二（一二三〇）年に関東で聖覚自筆の『唯信鈔』草稿本を入手して書写している。

それから親鸞は『唯信鈔』をいく度も写して弟子に与えたうえ『唯信鈔』の内容をくわしく解説して『唯信鈔文意』と名づけ、弟子に推奨している。その『唯信鈔』前半のさわりの部分を掲出してみよう。

> それ、生死をはなれ、仏道をならんとおもわんに、ふたつのみちあるべし。ひとつには聖道門、ふたつには浄土門なり。聖道門というは、この娑婆世界にありて、行をたて功をつみて今生に証をとらんとはげむなり。（中略）浄土門というは、今生の行業を回向して、順次生《じゅんししょう》に浄土にうまれて、浄土にして菩薩の行を具足して、仏にならんと願ずるなり。（中略）国土をもうくることは、衆生をみちびかんがためなり。国土たえなりというとも、衆生うまれがたくは、大悲大願の意趣にたがいなんとす。これによりて、往生極楽の別因

をさだめんとするに、一切の行みなたやすからず。孝養父母をとらんとすれば、不孝のものはうまるべからず。読誦大乗をもちいんとすれば、文句をしらざるものはのぞみがたし。布施・持戒を因とさだめんとすれば、慳貪・破戒のともがらはもれなんとす。忍辱・精進を業とせんとすれば、瞋恚・懈怠のたぐいはすてられぬべし。余の一切の行、みなまた、かくのごとし。これによりて、一切の善悪の凡夫、ひとしくうまれ、ともにねがわしめんがために、ただ阿弥陀の三字の名号をとなえんを、往生極楽の別因とせんと（以下略）

つとめて仮名文字を用い、真名（漢字）は仏教の要義をあらわす肝心な語句に限って用いられる。声に出して読みあげても、透徹してこころに沁みる文章で、聖道門と浄土門、極楽浄土の建立意義、往生の業因について明快にのべてある。

「国土をもうくることは、衆生をみちびかんがためなり。国土たえなりというとも、衆生うまれがたくは、大悲大願の意趣にたがいなんとす」とは、慈愛にみちた言葉である。阿弥陀仏により極楽世界が建立されているのは、衆生を仏道に導くためである。極楽世界は二百十億の諸仏の浄土のなかから優れたところだけを選びとって建立されていて、たとえば柳の枝に桜の花を咲かせ、伊勢の二見の浦に駿河の清見ヶ関を並べたようだという。しかし浄土がどれほどすぐれていても、孝養父母・読誦大乗・布施持戒・忍辱精進などを往生の要件に定められて、衆生に難しく適用しなければ仏の慈悲に背くことになる。ゆえに一切の善悪の凡夫がひとしく生まれ、ともに願わしめるために阿弥陀仏の名号をえらんで称えしめるのだという。

三心と信心

それと『唯信鈔』後半には、三心と信心という肝心な事柄について簡明に述べられている。三心とは至誠心・深心・回向発願心の三心のことで『観経』に説かれる。往生極楽の必須要件として、念仏して往生を願うのに三心をかならず具足しなければならない。源空の『選択集』三心章に「念仏行者かならず三心を具足すべきの文」という項目をたて、くわしく説かれている。どうしたら三心が得られるか、当時の念仏者の間でいつも問題になり議論されていた。そのところを『唯信鈔』は次のように述べている。

仏力をうたがい、願力をたのまざる人は、菩提のきしにのぼることかたし。ただ信心のてをのべて、誓願のつなをとるべし。仏力無窮《むぐう》なり、罪障深重《じんじゅう》のみをおもしとせず。仏智無辺なり、散乱放逸のものをもすつることなし。信心を要とす、そのほかをばかえりみざるなり。信心決定しぬれば、三心おのずからそなわる。本願を信ずることまことなれば、虚《こ》仮《け》のこころなし。浄土まつことうたがいなければ、回向のおもいあり。このゆえに、三心ことなるにたれども、みな信心にそなわれるなり。

「信心のて（手）をのべて、誓願のつな（綱）をとるべし」とはうまく言ったものである。三心のなかで重要なのは至誠心であり、至誠心は真実のこころである。阿弥陀仏が菩薩行をおこして浄土を設けたのも真実心であった。そのこころを疑いなくうけるのが信心である。信じるということこそ仏道が成就する根源である。そのゆえに聖覚はこの書を『唯信鈔』と名づけたのであろう。

愚禿親鸞の名のもとに

親鸞はこののち寛喜二（一二三〇）年にも『唯信鈔』を写し、その後もたびたび書き写している。親鸞がこれまで『顕浄土真実教行証文類』（『教行信証』）の題名のもとに執筆をすすめてきて、顕浄土真実の「教文類」・「行文類」・「証文類」の三文類に「信文類」を加えて「教・行・信・証」四法の文類構成に改めたのは聖覚の『唯信鈔』を読んでからではないか。そうすると『顕浄土真実教行証文類』の「顕」は隆寛の『顕選択』に、真実「信」は聖覚の『唯信鈔』の「信」に拠ったことになる。

『教行信証』の内容は浄土真実の「教文類」・「行文類」・「信文類」・「証文類」・「真仏土文

類」・「化身土文類」の六巻に分かれ、各巻ごとに標題の下に「愚禿釈親鸞集」と記されている。『教行信証』は「愚禿釈親鸞」の名のもとに、浄土真宗のおしえ全体系を顕わす証文を集めて著わした本なのである。さらに『教行信証』巻頭の序（総序）に「ここに愚禿釈の親鸞、慶ばしいかな、西蕃《せいばん》・月氏《がつし》の聖典、東夏《とうか》・日域《じちいき》の師釈、遇《あ》いがたくして今遇うことを得たり」と述べる。「信巻」には別に序を掲げて「ここに愚禿釈の親鸞、諸仏如来の真説に信順して、論《ろん》家《げ》・釈家《しやつけ》の宗義を披閲《ひえつ》す」と記す。さらに巻末の跋序（後序）には「しかるに愚禿釈の鸞、建仁辛《かのと》の酉の暦、雑行を棄てて本願に帰す」云々。親鸞が源空の弟子になった経歴を叙べ「師教の恩厚を仰ぐ。慶喜《きようき》いよいよ至り、至孝いよいよ重し」と。愚禿釈親鸞の名のもとに源空への深甚の謝意をあらわし、自他ともに「信順」と「信楽」をすすめている。

ここで親鸞は『選択集』について「真宗の簡要、念仏の奥義、これに摂在せり。見る者諭り易し。誠にこれ、希有最勝の華文、無上甚深の宝典なり」と絶賛する。そして終りに『唯信鈔』の結びの文をかりて「もしこの書を見聞せん者、信順を因とし疑謗《ぎほう》を縁として、信楽《しんぎよう》を願力に彰し、妙果を安養に顕さん」「前《さき》に生まれん者は後を導き、後に生まれん者《ひと》は前を訪《とぶら》え、連続無窮《むぐう》にして、願わくは休止《くし》せざらしめんと欲す」と述べている。

源空にめぐりあうことにより、諸仏はじめ釈迦如来の真実の教説に信順して、西蕃（インド）・月氏（西域）の聖典、東夏（中国）・日域（日本）の師釈を読み、龍樹・天親など論家はじめ曇鸞・道綽・善導ほか隆寛・聖覚など釈家の宗義をひらいて見ることができたと慶《よろこ》んでいるのである。

第六章

教化の充実

一　『顕浄土真実教行証文類』と「和讃」の撰述

親鸞の名のり

親鸞の『教行信証』は源空の著わした『選択集』のこころを大乗仏教の根源に戻して検証し、真実の信心にもとづく念仏のかぎりない功徳を論証するものであった。それはまた源空はじめ隆寛・聖覚より親鸞にもたらされた、本願念仏による究極のすくいをインド・中国・日本の三国仏教のうえに体系づけることでもあった。ここにおいて親鸞は善信から「親鸞」と名のり、阿弥陀の成仏いらい三国にわたって流入する、功徳の法海に浴する自分を実感した。

人は親鸞を敬って「善信房親鸞」と称した。「親鸞」の名のりは、西域の論主である天親の「親」と、中国の釈家である曇鸞の「鸞」に由来する。親鸞が源空その人のおしえにあい、隆寛と聖覚とともに源信を知り、中国の善導に会い、道綽をたずね、ついに曇鸞と天親の世界に導かれてきた。その世界は龍樹と釈迦によって開かれており、根源は阿弥陀仏の本願に発していた。親鸞が天親と曇鸞に名を借りるのは不遜にきこえるようであるが、「親鸞」の頭に「愚禿」と冠して「愚禿釈親鸞」と名のった。自身は煩悩具足、罪悪生死の凡夫と見きわめながら、曇鸞と天親のこころを仰ぎ、阿弥陀仏の願と力に相応して、おのずから仏道が身のうえに開かれる。そのはたらきを「回向《えこう》」という。回向とは念仏により阿弥陀仏の願と力が、時間と場所を超え、おのずから個々の存在にめぐらされる永劫いらいの促しである。これを念仏の理に戻せば『観経』の至誠心・深心・回向発願心の三心が信心に帰一し、『無量寿経』の至心・信楽・欲生に相応する。そのさきは「信楽」の境にきわまる。それを大安慰とも、大心海とも、広大会とも、畢竟依とも、大般涅槃ともいう。

これまで親鸞は源空の弟子として共に念仏停止にあい、いわば弁明や陳述にかかずらい、守勢に立たされてきた。ところが天親と曇鸞のおしえを主体にして善導・源空のすすめる念仏のこころを読み解くと、無量寿・無量光のかがやく荘厳な世界があらわれ、一切衆生とともに弘誓の大地に立たされていた。その浄土の光景を天親は『浄土論』願生偈にうたっている。

世尊、我一心に、尽十方無碍光如来に帰命して、安楽国に生まれんと願ず。
我修多羅《われしゅたら》、真実功徳の相に依って、願偈《かんげ》を説いて総持して、仏教と相応す。
かの世界の相を観ずるに、三界の道に勝過せり。究竟《くきょう》して虚空のごとく、広大にして辺際なし。

（中略）

仏の本願力を観ずるに、遇《もうお》うて空しく過ぐる者なし、

能《よ》く速やかに功徳の大宝海を満足せしむ。

念仏批判の諸相

ところで親鸞は『教行信証』の巻末に「慶ばしいかな、心《しん》を弘誓《ぐぜい》の仏地に樹《た》て、念を難思《なんじ》の法海に流す。深く如来の矜哀《こうあい》を知りて、良《まこと》に師教の恩厚を仰ぐ」と記している。この言葉に親鸞は万感の思いをこめている。源空に遇うことにより真実の信心をえ、念仏停止により師とともに流罪になり、かえって本願によび覚まされ、曇鸞から天親の境地を得ることができた。『教行信証』は度重なる念仏批判のなかから構想され立ち上げられた。その最初の契機が承元元（一二〇七）年の念仏停止であることは『教行信証』後序に銘記されている。ところが念仏批判はその後も止まず、専修念仏弾劾の文言は経論や故事を引証にだして論難におよぶ。なかでも建保五（一二一七）年五月と貞応三（元仁元　一二二四）年五月に延暦寺大衆が朝廷に訴えた「延暦寺大衆解」が『教行信証』「化身土巻」の内容と深くかかわっているようである。

前述のように、建保五年五月延暦寺の訴え（「延暦寺大衆解」）は源空の弟子幸西と空阿および余党を「仏法の怨魔」として訴えていた。源空没後すでに五年におよぶのに源空が専修念仏を

となえ諸宗を雑行とけなして一宗を立てたと非難。源空は謗法の罪を死後につぐなうところ、流罪により現世においてすでに身を滅ぼしたと。

以下源空のとなえた専修念仏の罪過をあげて追及する。その内容を項目にたてて整理すると次のようである。

＊時代は正像を過ぎて末世におよび、顕密仏教は効験をうしない、弥陀の一教のみ利益があるとし、定恵や戒律にはげむのを雑行としてしりぞける。

＊『無量寿経』には当来の世に経道滅尽するとき仏が慈悲をもって特にこの経を百年とどめさせると説くが、慈恩『西方要決』には「末法万年」と言っていて、まだ経道滅尽の時期ではない。像法の終りで末法の初めに当たる。

＊浄土往生を願う者は悪を造るべし、造らぬのは仏願を疑う者だとか、思うままに罪を犯して浄土に生まれるなどいうが、『観経』には諸悪を禁じ諸善をすすめている。

＊『無量寿経』に一向専念無量寿仏と説くけれど、他方では諸の功徳を修して浄土を願生せよとすすめている。

＊『阿弥陀経』は延暦寺の円仁が中国清涼山から伝えた音曲で、安養浄土の余音である。それにより常行三昧を修して九品往生を願い、日本六十余州に念仏三昧の音声が普及した。こ

ともあろうにそれを改変して、「口に哀音を出して」理世の風に背く。化身に暴虐を行い、ほとんど国の蠹害となるものである。

本地垂迹説との整合

このあと貞応三（元仁元　一二二四）年五月の延暦寺大衆の訴えは、あたかも源空没後十三年にあたり、一向専修の濫行を停止するよう朝廷に訴えたものである（「延暦寺大衆解」〈一向専修停止事〉）。六箇条からなり内容体裁とも整っている。内容はこれまで見た建保五年五月の訴えより詳しく、論拠を示し論旨も通っている。

その要点は次のようである。一向専修の徒は念仏がひろまる世は末法で、法滅のときだとする。しかし今の世はまだ像法か末法の初めであって、まだ念仏流布の時期に至ってはいない。念仏者たちは正像末の時期をよく知らない愚か者である、と。この非難は末法における念仏流布説を認めたうえで、まだ末法に至ってはいない今は諸宗・諸教の修行にはげむべきだという。そのため『善見律』『西方要決』『浄名玄論略述』『法華経』『般若経』など多くの出典をあげ、末法万年、八千年、五千年説や、仏の在世年代を中国の周昭王、同穆王《ぼくおう》、同荘王など諸説を示し、今は仏滅後まだ二千年に満たないとする。

そもそも釈迦の満月のごとき姿こそ入滅の雲に隠れたが、法身の光は今も盛んに世の闇を耀かしている。もし釈迦の遺教にあえなければ、どうして弥陀の悲願を知ることが出来るのか。釈迦の重恩を知らないで驕慢を生ずる念仏者は、こころを持たぬ木や石と同じである。それと専修念仏の徒は悪業は往生の妨げにならぬというが、『観経』には読誦大乗・浄戒堅持をすすめ、念仏の祖である道綽・善導は衆悪をおそれ諸善をすすめているではないか。

また一向専修のものは神明に背くという条目を加えた。こうした訴えは、元久二（一二〇五）年の「興福寺奏状」にもあった。延暦寺でも同じようにわが国は神国であるから、専修念仏の者が神を敬わないと本地垂迹説《ほんじすいじやくせつ》により神の咎めがあると予見している。本地垂迹説では日吉・春日・熊野・八幡など神社に祀られている神々は、仏の化身となってこの世に現れ国土を守るとされ、畏敬されていた。中世になって神はかえって威光を増していたのである。

しかし専修念仏は阿弥陀一仏をたのんで念仏するのを信条とし、ことさら神々を崇拝することをしなかった。そこのところを親鸞は『教行信証』「化身土巻」に大乗仏教を代表する『涅槃経』の言葉をひいて「仏に帰依せば、終にまたその余の諸大神に帰依せざれ」と明記したのである。「仏に帰依する」というのは、阿弥陀の本願を信じて阿弥陀一仏に帰依することなのである。親鸞は提起される課題ごとに経典や論釈の文言を集めて念仏者の立場を裏づけていく。その論法を「文類」という。そのうえで経釈の真意をたずねて判定し、根拠のないことや独断をきびしく抑制した跡がある。念仏停止という事態の重大さと、それにともなう朝廷の学者や南都北嶺の学僧たちの意向が予見されたのである。

『教行信証』はいつ書かれたのか

『教行信証』はいつどこで、どのような動機で成立したのか。『教行信証』「化身土巻」に「我が元仁元年甲申《きのえさる》」と記されている。このことから元仁元年甲申の歳が『教行信証』「化身土巻」の執筆にかかわり、この年に親鸞が特記するような事態があったことが予想される。それで『教行信証』「化身土巻」の「我が元仁元年」の記述の前後をたどると、親鸞はここで正像末の三時についてくわしく検証したうえで、次のように述べている。

三時教を案ずれば、如来般涅槃の時代を勘《かんが》うるに、周の第五の主、穆王《ぼくおう》五十一年壬申《みずのえさる》に当れり。その壬申より我が元仁元年甲申に至るまで、二千一百八十三歳なり。また『賢《げん》劫経《ごうきょう》』・『仁王経《にんのう》』・『涅槃』等の説に依るに、已《すで》にもって末法に入りて六百八十三歳なり。

ここで親鸞はみずから正像末の三時について見解をのべ、中国の周穆王五十一年壬申歳の仏滅説をとり、それより正法五百年・像法千年の千五百年を過ぎて末法に入るとし、元仁元（貞応三　一二二四）年を仏滅後二千一百八十三歳と算定していたことになる。元仁元年甲申の歳を特定したのは、この年が源空没後十三年に相当し、同年五月十七日付「延暦寺大衆解」により専修念仏が訴えられたためであろう。とりわけ「延暦寺大衆解」にはさきに見たように正像末の三時説について詳論し、専修念仏側の入末法説を愚者の見解として退けていた。

なお親鸞自筆の坂東本『教行信証』「化身土巻」には上欄の余白に「元仁者後堀川院　諱は茂仁　聖代也」と注記されている。これは元仁元（貞応三　一二二四）年五月の「延暦寺大衆解」の冒頭に「殊に天裁を蒙られんことを請う」とあり、終りに「望むらくは恩裁を請う」、日付のあとに「此の日上奏せらる」とあって、延暦寺が時の後堀河天皇に奏上を請うた文書なので「元仁」に「聖代」の注記をしたのであろう。

以上のように跡づけると、親鸞は『教行信証』「化身土巻」のこの部分を書くとき、元仁元年五月十七日付「延暦寺大衆解」の形式と内容を悉知していたと思われる。となると親鸞はこの「延暦寺大衆解」を写し取っていたはずで、入手したのは嘉禄三（一二二七）年秋に奥州へ流罪になった隆寛が相模飯山に留まった折ではなかったか。このとき隆寛を訪れた親鸞は建保五（一二一七）年いらい度重なる念仏停止の詳細をきき知ったのだろう。

ところで『教行信証』「化身土巻」では、これにつづいて最澄の『末法灯明記』をほとんど全文にわたって引用している。そのなかで最澄は周の第五主穆王の五十一年壬申に釈迦が入滅し、それより「我が延暦二十年辛巳に至るまで、一千七百五十歳なり」としている。親鸞が

「我が元仁元年甲申に至るまで二千一百八十三歳なり」と記したのは、右の最澄の説によったものである。

さらに最澄は『大集経』により末法の様相をのべ、仏滅後千百年に僧侶が妻帯し、千二百年に僧尼が子息をもうけ、千五百年には僧がたがいに是非をおこして殺害する。よって教法は龍宮にかくれてしまうとしている。

最澄への尊崇

源空が念仏を末法濁世の唯一の救いであるとすすめたのに対して、延暦寺が執拗に非難をくりかえす。延暦寺のたび重なる訴状について条目ごとに反論しても内省と自覚がともなわぬかぎり言葉じりの応酬に陥って、かならず憎悪を生む。浄土真実の教行証は末法濁世の自覚のもとに、仏心より聞き出されるしかない。親鸞が『教行信証』を著わしたわけである。

元仁元（一二二四）年におよんで末法ではまだないと、念仏の弘通をはばむ延暦寺に対して、親鸞は延暦寺の開祖最澄の『末法灯明記』の文を示して延暦寺大衆に自省をうながしたのだと思う。末代の延暦寺の衆徒に対して開祖最澄の危機にたつ求道者の自覚に立てという思いであろう。最澄は末法の世には名ばかりの出家「名字の比丘」だけれども、無上の宝として敬われるべきだとし、みずから「愚がなかの極愚、狂がなかの極狂、塵禿の有情、底下の最澄」（「願文」）と称していた。それにならって親鸞は「底下の凡夫」「愚禿の親鸞」と自称したのである。二十九歳で比叡山延暦寺を下りた親鸞であるが、最澄には終生敬いのこころを抱いていた。

山家《さんけ》の伝教大師は
国土人民《にんみん》をあわれみて
七難消滅の誦文《じゆもん》には
南無阿弥陀仏をとなうべし
（「現世利益和讃」）

引証文献を渉猟

『教行信証』は一度に書き上げられたものではない。年月をかけて文献を選びあつめて周到に編纂されている。親鸞は関東に移り住んで一日も欠かさず『教行信証』の編述に取り組んだようである。そのため浄土真実の教・行・信・証にかかわる、あらゆる文献を集めて検証している。さしあたり「顕浄土方便化身土文類」の本巻と末巻二部だけあわせてみても、引用される文献は『涅槃経』から『論語』『荘子』まで八十数点におよぶ。

これだけの文献がよく集まったものである。なかでも唐法琳《ほうりん》『弁正論』、道教の『玄妙』『中胎』まで、どのようにして探し当て抄出したのであろう。その背景に常陸国笠間の領主であった笠間時朝が鹿島社に奉納した宋版一切経や、下野国足利荘の領主足利義兼の開いた足利学校、あるいは相模の鎌倉まで所縁をもとめる向きもある。

また「顕浄土方便化身土文類」と題して、これほどの文献を集めて引用した親鸞の意図は何なのか。読み解くのも容易ではない。総じて言えることは「方便化身土文類」末の結び（後序）に「諸寺の釈門、教《きょう》に昏くして真仮の門戸を知らず、洛都の儒林、行に迷うて邪正の道路を弁うることなし」と言うように、南都北嶺の学僧や朝廷の学者に対して、時代に相応する真実の仏教に目覚め、疑惑や非難の罪から解き放とうと願ったということである。

二　東国の念仏者たち――「他力」へのめざめ

寛喜の飢饉と病臥

このように親鸞が多くの経典から主要な文言を読み取り、自著に書き入れていた頃、大きな飢饉が諸国を襲っていた。「寛喜の飢饉」といわれる。寛喜二（一二三〇）年旧暦夏六月ごろ、京都では気温が異常に低く、夜は涼しくて綿衣を着るほどで、秋八月になると夜は寒かった。諸国では作物が実らず、夏ごろから飢饉の様相になっていた。翌寛喜三年は全国で大飢饉になった。春から各地で飢饉となり百姓が多く餓死する。伊豆・駿河の両国も飢饉。そのうえ夏四月はひでりとなり諸国国分寺で『最勝王経』を転読する。五月になると疫疾と餓死のため『般若心経』を転読、鎌倉の鶴岡八幡宮で『大般若経』を読誦、秋七月には天下大飢饉、京都では二月いらい疫疾がおさまらないという状況である（『吾妻鏡』）。

このころ親鸞は風邪に似た高い熱の病気にかかっていた。疫病に感染したのだろうか。のちに恵信尼が手紙にその想い出を綴っている。

寛喜三（一二三一）年の四月十四日、親鸞は風邪気味で夕刻から床に臥して、高熱に冒され、十八日まで四日間寝たきりであった。症状が重いのに腰や膝を打たせることもなく、介護する恵信尼を初めから寄せつけず、声もたてずに臥したままである。身体にさわってみると火のように熱い。頭痛がするのも並ではない。寝込んで四日目の四月十八日の夜明けに、親鸞が苦しそうにつぶやいた。

「もう、そうしよう」

恵信尼がたずねる。

「何か、おたわごとでも仰せられましたか」

「いや、たわごとではない」

そう言って親鸞は次のように語った。

衆生利益・自力の執心

床に臥して二日目という日から、私は寝ていて『無量寿経』を絶え間なく読みつづけていた。目を閉じても経文の一字一字が残らず鮮明に浮かんで見える。さてこれは分からないことだ。弥陀の本願を信じてただ念仏するほかはないと承知しているのに、つとめて経を読もうとするのは何事か。よくよく思いかえしてみると、十七、八年ほどまえ建保二（一二一四）年、上野国の佐貫荘で衆生利益のために「浄土三部経」の千部読誦を思い立った。しかし途中で読経にはげむ自力のこころに気づいて打ち切ったことがある。このたび熱に冒されてまた『無量寿経』をうつつに読もうとした。こころの奥底に自力へのとらわれが残っているからである。自我に執着する心がいかに根強いか、思い知らされた。

床に臥していて『無量寿経』を読むとはどういうことであろうか。親鸞は源空の弟子になってこれまで三十年間『無量寿経』上下二巻はじめ「浄土三部経」を克明に読みつづけてきた。経文には一語一句みずから註釈を書き込み、眼を閉じても経文の一字一句が鮮明に浮かんだのであろう。寝ていて眼を閉じても「浄土三部経」の文は巻頭から巻末まで全部読誦できたのである。だから経を読誦しようと思えば、いつどこでも「浄土三部経」は読めたのであろう。

そのうえで親鸞は『無量寿経』を釈迦如来が説いた究極の目的を「如来の本願を説きて、経の宗致とす。すなわち、仏の名号をもって、経の体とするなり」(『教行信証』「教巻」)と決着していた。仏の名号すなわち「南無阿弥陀仏」を称することが『無量寿経』の帰結であり、経のいのちである。なのに経文の読誦を功徳として頼むこころがつきまとう。それを親鸞は「自力」として退けたのである。

寛喜二（一二三〇）年から諸国では疫病と飢餓がひろがり、関東にも飢饉の惨状が聞こえ、現地でその場面を目のあたりにするようになっていた。人のいのちの脆さ、はかなさ。むなしさ。人の世のかなしさ、いたましさ。男も女も、親も子も、老いも若きも、智者も愚者も、出家も在家も、善人も悪人も。限りない過去から現在まで、そして未来永劫までも、浪の逆巻く激流を屍骸のように押し流されて行く。無辺の生死海という。その人数は幾千万億。その一人ひとりの境涯に立ち入って、あまねく救いを呼びかけるのが如来の本願であり、差しのべられる救い手が仏の名号であった。ならば如来の本願にめざめて念仏をとなえ、人に念仏を伝え、ともに念仏するほかはない。それこそ本願の究極の趣旨にかなう。これからのち親鸞は、他にめぐみ施すため意図して読経することはなかった。

稲田の草庵にて

親鸞が関東へ移住して二十年が過ぎ、還暦に近い。恵信尼は五十歳、息男明信（信蓮房）と娘（覚信尼）はそれぞれ二十一歳と八歳になっていた。

『親鸞伝絵』に「聖人越後国より常陸国に越えて、笠間郡稲田郷という所に隠居したまう」（稲田の興法）と伝える。この庵は「稲田の草庵」と呼ばれ、教化の拠点になった。現在は茨城県水戸市の西に隣接する笠間市にあたり、ＪＲ東日本・水戸線の稲田駅近くに西念寺がある。聖人居住の跡と伝え、親鸞を慕う真宗門徒ゆかりの地となっている。また『教行信証』はここで書かれたといわれる。

寛喜の飢饉のおり親鸞とその家族は稲田にいたとして、近郷に住む弟子たちが家族を窮迫から守ったのであろう。さきに親鸞の関東移住には源空の弟子につらなる御家人級の中小領主の招致があったと見たが、それらの人びとも世を去り、関東では新しい世代が親鸞に親近して弟子になっていた。身分階層からは中小領主クラスを筆頭に、彼等に従属する在家農民から商人、海川で漁労をしたり、野山で狩猟をする者も弟子の中にいたようである。

このような人たちが稲田の草庵に訪れて、親鸞とその家族と親しんで扶助し、親鸞の家族も彼等とともに暮らして扶持に甘んじたのであろう。

のち京都へ帰って最晩年の親鸞は「ひたちの人々」宛てに手紙を書いて、自分の死後に身寄りのない娘覚信尼たちの扶養を弟子たちに懇願している。もし自分に所領などあれば娘たちに譲与できるが、それもないので「ひたちの人々ばかりぞ、このものどもをも御あわれみあわれ候うべからん。いとおしう、人々あわれみおぼしめすべし」(弘長二年十一月十二日付　親鸞消息)という文面にも、親鸞と常陸の弟子たちの親密な情交がうかがわれる。

常陸国の風土は肥沃で明るくて広い。北には久慈川・那珂川が下って東海にそそぎ、国府の所在する石岡をめぐる河川は網の目のように流れて霞ヶ浦に入る。西には鬼怒川が南下し、利根川に合流して鹿島灘へそそぐ。南北に水路が通じてのぼりくだりの船、東西の川岸に行き来する渡し舟を浮かべて水運業が盛んであった。

龍樹の『十住毘婆沙論』「易行品」に菩薩が不退の位にいたるため精進するのは陸路を歩くように困難だけれど、弥陀の名号をとなえると水道を乗船するように易いとおしえている。その龍樹のこころを親鸞は「難行の陸路《ろくろ》、苦しきことを顕示して、易行の水道、楽しきことを信《しん》楽《ぎょう》せしむ」(『正信念仏偈』)とたたえている。幾百里の険しい陸路を歩いてきた親鸞が、いま本願の名号にあうよろこびを、ここ常陸にきて船に乗って水道を行き来する楽として実感したのであろう。

常陸の弟子たち

関東における親鸞の弟子は常陸・武蔵・下野・下総から奥州におよんだが、多く弟子の名が残るのは常陸である。そのなかで弟子の多いのは行方《なめかた》・鹿島など東部と南部の水郷地帯、それと北部の山地だったようである。彼等弟子たちは田畑の産物をはじめ、海や川で捕れた魚や野山で獲れる猪・鹿の肉や鳥などを届け、また原産の布や毛皮を贈ったのであろう。おりには金銭も集めて送った。

彼等は地域ごとに道場を経営し、おりおりに親鸞を招いて念仏の集会をひらいた。道場は在家の家屋より棟を少し高くして、むしろ敷きの広間の床に親鸞が墨書で大書した「南無阿弥陀仏」「南無不可思議光仏」「帰命尽十方無《きみょうじんじっぽうむ》碍《げ》光如来《こうにょらい》」などの名号を表装して掛けた。大きな道場では名号の両脇に龍樹・大親はじめ曇鸞・道綽・善導・聖徳太子・源信・源空・隆寛・聖覚など、インド・中国・日本にわたる浄土高僧の群像を画いた絵像を掛けそえることもあった。

定例の集会としては、毎月二十五日に行われる源空の忌日の報恩念仏である。関東各地では道場が建てられていたし、如来堂・太子堂など既存の堂宇を借りて営むこともあった。集まる人びとは老少男女、身分の上下、業種の卑賤、僧俗の別を問わなかった。親鸞はつねに源空を「本師」としてうやまい師恩に感じて念仏を欠かさなかった。そのおしえはつねに師の源空の言葉にもとづき、隆寛と聖覚の法語の喩えが引かれたようである。「本師・源空は、仏教に明らかにして、善悪の凡夫人を憐愍《れんみん》せしむ。真宗の教証、片州に興す。選択本願、悪世に弘む。生死輪転の家に還来《かえ》ることは、決するに疑情をもって所止とす。速やかに寂静無為の楽《みやこ》に入ることは、必ず信心をもって能入とす、といえり」(『正信念仏偈』)。源空こそ浄土真実の教証を賜った師であった。親鸞が弟子に語り伝えたのもこの一事であった。

常陸国の弟子のなかで親鸞に最も親近したのは横曾根の性信であろう。性信は常陸鹿島神宮の大中臣氏の出身と伝え、はじめ源空の弟子となり後に親鸞に師事して下総横曾根に住し、建保二(一二一四)年報恩寺の基を開いたという。茨城県常総市豊岡の報恩寺がその遺跡とされる。若くて京都にのぼり源空に学び、学問の素養のうえに才覚があって親鸞に仕えた。ときには住居の世話など相談にあずかり、親鸞の教化と著述を助けたようである。親鸞が京都へ帰ったのち関東で念仏者が嫌疑をうけたとき、性信は鎌倉幕府に出向して念仏者の立場をよく陳述して、その功を親鸞は手紙でねぎらっている。また親鸞が晩年まで手もとに置いて加筆した『教行信証』を性信が譲り受けて坂東報恩寺に伝わった。「坂東本」と称される。現在は京都の真宗本廟・東本願寺に所蔵され、親鸞の真蹟本として国宝に指定されている。現存の状態は、「教行巻」・「信巻」・「証巻」・「真仏土巻」・「化身土巻本」・「化身土巻末」、全部で六巻六冊の編成になっている。また常陸下妻の宗重も親鸞に親しく仕え蓮位と名のった。親鸞が京都へ帰ってのちも側近にあって書記役をつとめ、親鸞から坂東本『教行信証』を一時授かったことがある。

笠間の念仏者たちへの手紙

また東本願寺には「かさまの念仏者のうたがいとわれたる事」と題する親鸞真筆の消息（書簡）が伝わり、国の重要文化財に指定されている。縦二八センチ余、横二メートル五一センチ。六枚の紙を横に貼りついだ長い紙で、浄土真宗のおしえが、端的にわかりやすく述べられている。終わりのところに「建長七歳乙卯　十月三日　愚禿親鸞八十三歳書之」とあり、親鸞が京都へ帰って晩年に常陸国笠間に住む弟子の念仏者の疑問にこたえたものであることがわかる。

文字は漢字まじりの平仮名でていねいに書かれ、内容も行きとどき、文章もよく調っている。したがってこの消息は特定の弟子にかぎらず、笠間に居住する弟子たちに広く読み聞かせるように書かれ、親鸞の法語として敬い、書き写されたものである。

この消息は長文にわたるが、略して初めの部分を掲げてみよう。

かさまの念仏者のうたがいとわれたる事

それ、浄土真宗のこころは、往生の根機《こんき》に他力あり、自力あり。このことすでに天竺の論家《ろんげ》・浄土の祖師のおおせられたることなり。まず、自力と申すことは、行者のおのおのの縁にしたがいて、余の仏号を称念し、余の善根を修行して、わがみをたのみ、わがはからいのこころをもって、身・口・意のみだれごころをつくろい、めでとうしなして、浄土へ往生せんとおもうを、自力と申すなり。また、他力と申すことは、弥陀如来の御ちかいの中に、選択摂取したまえる第十八の念仏往生の本願を信楽するを、他力と申すなり。(中略)第十八の本願成就のゆえに、阿弥陀如来とならせたまいて、不可思議の利益きわまりましまさぬ御かたちを、天親菩薩は尽十方無碍光如来とあらわしたまえり。このゆえに、よきあしき人をきらわず、煩悩のこころをえらばずへだてずして、往生はかならずするなりとしるべしとなり。しかれば、恵心院《えしん》の和尚《かしょう》は『往生要集』には、本願の念仏を信楽するありさまをあらわせるには、「行住座臥をえらばず、時処諸縁をきらわず」とおおせられたり。「真実の信心をえたる人は摂取のひかりにおさめとられまいらせたり」とたしかにあらわせり。しかれば、「無明煩悩を具して安養《あんにょう》浄土に往生すれば、かならずすなわち、無上仏果にいたる」と、釈迦如来ときたまえり。

（真宗大谷派蔵真蹟消息）

ここで親鸞は「それ」という改まった書き出しで、浄土真宗の肝要を説く。親鸞は源空の念仏往生のおしえを「浄土宗」とも「浄土真宗」ともいう。どちらかといえば「浄土宗」にはゆるやかで「浄土真宗」にはきびしい内容を込める。笠間の念仏者の問いかけは「浄土真宗」の肝要にかかわる。親鸞はここで浄土真宗の真面目について語ることになった。そこでまず「他力」と「自力」ということが命題にあがった。他力というと今日では使いふるされて、自己負担しないで他人の荷負に依存するのを揶揄して「他力本願」などという。世俗化というものである。源空と親鸞の時代において「他力」ということは、これまで世界を支配してきた「自力」の宗教の機軸を「他力」により覆して、未曾有の新しい世界をラジカルに開くことであった。「他力」こそ宗教改革の名にふさわしい命題であった。現代のわれわれは自力と他力という言葉の安易な了解に安住せず、自分という存在が何を根拠にしているかを問いただし、人間の危うさに気づいて、おしえの根源をたずねなければ「浄土真宗」は分からぬのでないか。

自力と他力

この消息において親鸞は他力と自力という命題を源空とそのおしえの枠を超え、浄土真宗の源流を中国の曇鸞からインドの龍樹・天親にたずねあて、「他力」を大乗仏教の究極に位置づけた。自力というのは自分の身と心をたのみに、自分のはからい（思惑）の心をもって、身・口・意の乱れをつくろい整えて浄土へ往生しようとする。他力というのは阿弥陀如来の誓いのなかに選び取られた法蔵菩薩の四十八誓願、第十八の念仏往生の本願を一筋に信じて往生するをいう。

「他力」とは阿弥陀如来の本願力の呼称であって、その境地は「信楽」（信心）すなわち「一心」の一語に帰結する。他力という言葉は仏の本願力のほかには適用できないのである。親鸞はその根拠を天親が『浄土論』に表明する「世尊、我一心に、尽十方無碍光如来に帰命して、安楽国に生まれんと願ず」のこころだとし、「帰命尽十方無碍光如来」すなわち「南無阿弥陀仏」と称することを「他力」だと決着した。のちに親鸞はこの「尽十方無碍光如来」のこころを次のようにも解説している。

尽十方無碍光如来ともうすは、すなわち阿弥陀如来なり。この如来は光明なり。尽十方というは、尽はつくすという、ことごとくという。十方世界をつくして、ことごとくみちたまえるなり。無碍というは、さわることなしとなり。さわることなしともうすは、衆生の煩悩悪業《あくごう》にさえられざるなり。光如来ともうすは、阿弥陀仏なり。この如来はすなわち不可思議光仏ともうす。この如来は智慧のかたちなり。十方微塵刹土《みじんせつど》にみちたまえるなりとしるべしとなり。

（『尊号真像銘文』）

自力と他力ということについては隆寛がすでに『自力他力事』という題名の書を書いて、分かりやすく懇切に述べていた。

自力のこころというは、身にもわろきことをばせじ、口にもわろきことをばいわじ、心にもひがごとをばおもわじと、加様《かよう》につつしみて念仏するものは、この念仏のちからにて、よろずのつみをのぞきうしないて、極楽へかならずまいるぞと、おもいたる人をば、自力の行というなり。加様にわが身をつつしみととのえて、よからんとおもうはめでたけれども、まず世の人をみるに、いかにもいかにも、おもうさまにつつしみえんことは、きわめてありがたきことなり。（中略）他力の念仏とは、わが身のおろかにわろきにつけても、かかる身にてたやすくこの娑婆世界をいかがはなるべき。つみは日々にそえてかさなり、妄念はつねにおこりてとどまらず。かかるにつけては、ひとえに弥陀のちかいをたのみあおぎて念仏おこたらざれば、阿弥陀仏かたじけなく遍照の光明をはなちて、この身をてらしまもらせたまえば（以下略）

隆寛は天台のすぐれた学僧でありながら、愚癡の人、無智の人、ふつうの人の身になって、教をたずねあてた人であった。隆寛『自力他力事』の今日伝わる本は親鸞が寛元四（一二四六）年七十四歳のとき写したものであるが、それ以前の隆寛の存命中に『自力他力事』をよく読んでいたはずである。ことによると、親鸞が『自力他力事』を手にしたのは、嘉禄三（一二二七）年に流されて相模に来た隆寛を訪れたときでないか。

東国の念仏者たち

性信と蓮位、それに笠間の念仏者について、立ち入ってうかがったが、親鸞は常陸の風土と弟子たちとの暮らしのなかで、他力ということに改めてめざめ「信楽」の境地を開いた。ところで常陸における親鸞の弟子のなかで性信・蓮位につぐ者として、鹿島の順信が知られる。鹿島門徒の祖である。また常陸北郡に慶西・法善・明法、笠間に実念と頼重、南庄に証信・乗念、奥郡に安養の名が伝わる。このほか入西・入信・善性・念信・乗信・唯信・慈善・

善明・唯円・善念など、常陸にはあわせて十九人の弟子の名が残る。法名に「信」「善」「念」の字を用いるのが常陸の門弟の性格を示すようである。

常陸国とともに親鸞の有力な弟子の遺跡が伝わるのは下野国高田（栃木県芳賀郡二宮町高田）である。高田から東をさして国境の山を越えると常陸の笠間郡稲田は近い。歩いてほぼ一日の行程である。高田には真仏・顕智はじめ覚信・専海など、親鸞のおしえを懇切にききわける弟子がいた。真仏は真岡の領主大内氏の出身といい、顕智はその女婿と伝える。本拠は高田の如来堂で善光寺阿弥陀三尊像を安置していた。それと真仏・顕智らの廻国や勧進のうごきから、彼等を善光寺聖とみる向きもある。廻国と勧進は諸国を廻りあるいて喜捨を募ることである。東大寺再建にあたり全国に勧進を展開したのは源空門下の俊乗房重源である。中世は勧進の時代でもあった。

真仏・顕智らの主宰する下野高田の如来堂はのち専修寺とよばれ、後世には三重県津市一身田に移るが、紺地に金字の十字名号が伝わる。表装して縦一六〇センチを超える大幅で、金字で「帰命尽十方無碍光如来」と象《かたど》った名号の下に極彩色の蓮台を描き、天地の欄に親鸞自筆の賛銘が墨書されている。天部の讃銘は『無量寿経』より第十八願文と「其仏本願力」云々および「必得超絶去」以下の文、地部の讃銘は天親『浄土論』より「世尊我一心、帰命尽十方無碍光如来、願生安楽国」云々および「観仏本願力、遇無空過者、能令速満足、功徳大宝海」の文で、親鸞八十三歳頃の筆跡と認められている。また専修寺にはこれよりやや小ぶりながら、黄地に墨書された同趣の十字名号が伝わり、地部讃銘の終りに「愚禿親鸞敬信尊号　八十三歳」と自署されている。いずれも真宗初期教団の本尊として考案され、礼拝帰依の対象として表装をこらし、親鸞の同意と指示により製作されたものである。

このようにしつらえた十字名号を本尊に用いるとなると、道場には相当の施設や人の集まりが予想される。下野高田の如来堂をはじめ各地の道場に集まる門徒は少なからぬ人数をかかえ、教化にあたる人物が存在したはずである。真仏・顕智らは並でない学問素養をもち教化に専従する立場にあったようである。真仏・顕智とおなじ高田門徒で遠江から三河に念仏をひろめた専信房専海は、建長七（一二五五）年、上京のおり『教行信証』全六巻を力強い筆で克明に書写している。専海らは下野から遠江、三河をへて京都への往返もしばしばで、顕智とともに親鸞の臨終にあっている。また高田門徒に属する源海は武蔵国荒木（埼玉県行田市）に出て門徒をひろげ同国阿佐布にも進出する。承久の乱後およそ十年がすぎて鎌倉は事実上日本の首都になっていた。鎌倉を中心に道路がひらけて人馬と物資が頻繁に行きかい、座の設置と宋銭の流通により商業がさかんになっていた。親鸞の弟子たちも鎌倉へ出入し、常陸・下野・武蔵から京へのぼるにも、東山道よりも鎌倉に近い東海道を経由したようである。

親鸞はおしえの伝わることを「念仏がひろが」るといい、弟子たちのことを「念仏者」「念仏のひとびと」「よろずの念仏者」などと呼んでいた。親鸞のすすめにより念仏する人は親鸞と信仰をともにして同じ浄土に生まれると信じて疑わなかった。「信をひとつにして心を当来の報土にかけしともがらは、同時に御意趣をうけたまわりしかども、そのひとびとにともないて念仏もうさるる老若、そのかずをしらずおわします」(『歎異抄』第十条)と云うから、関東で親鸞の主だつ弟子につらなる念仏者は、数えきれないほどいたことになる。

東国を去る

しかし親鸞は関東を去り京都をめざして発つことになる。主だつ弟子たちは親鸞とその家族に親しみ、扶養して終生関東にとどまるように懇請もしただろう。彼等のなかには中小クラスの領主もいただろうから、親鸞が何がしかの所領でも望めばかなわぬこともなかった。しかし親鸞はあえて求めようとしなかった。師の源空がそうであったように、親鸞はさだまった所領も寺も持たなかった。あえて持とうとしなかった。それが親鸞の仏道だったのである。親鸞はいわば「無産者」で生涯をつらぬき「他力」に徹したのである。寺をかまえ所領などを持つことは、わが身をたのみ、わがはからいでもって、身・口・意をこころよく装う、自力に陥りやすかった。

いつどこでも親鸞が思い起こすのは師の源空が遺した言葉であった。「自分なきあと弟子たちは一つ所に群れ集まってはならない。仲間が和合するようにみえて、かならず争いのもとになる。一人ひとりしずかに自分の草庵に居住して、浄土往生を祈ってほしい。わたしの追善のため仏像を描いたり写経したり、浴室・布施など一切おこなってはならない」。師に別れたあと親鸞は自分の住処《すみか》を草庵と決めていたようである。親鸞とその家族にとって、門徒に請われるまま常陸笠間にとどまり、稲田の草庵を生涯の住みかと定めても不都合はなかった。むしろ老いていく身に関東はこころやすく過ごしやすかった。

三　京都に帰って——ひそかにおもんみる

三十年ぶりの都

弟子に別れをつげ親鸞が京都に向けて発ったのは文暦二（一二三五）年、六十三歳のころか。承元の念仏停止により師の源空とともに流罪になり、都を去っておよそ三十年。後鳥羽院は承久の乱に敗れて隠岐にあり、第一皇子の土御門上皇は土佐に流されて亡くなった。第三皇子の順徳上皇は佐渡に、皇子雅成親王は但馬に流されていた。乱後の都では後鳥羽院の兄守貞親王（後高倉院）の皇子後堀河院の院政下で、四条天皇が二歳で即位して九条道家と近衛兼経が摂政として政務をとっている。六波羅には守護（探題）が置かれ、北条時盛と重時がそれぞれ北方と南方の守護に任じ、京都警護や西国成敗（裁判）はじめ朝廷との交渉など幕府の権限が強まり、寺社の訴えにも関与して東国・鎌倉との往来は頻繁になっていた。

天福二（文暦元　一二三四）年六月、幕府が専修念仏を禁止したのについで、七月に京都でも幼帝四条天皇の名のもとに念仏者を糾弾する宣旨が出されている。教雅法師という者らが専修念仏を主導して修学の僧をそしり「内に妄執を凝らし外に哀音をひき人心を蕩《ゆる》が」して仏法を衰微させるとして、彼等を洛外に放逐せよというものである（天福二年六月晦日「四条天皇宣旨」）。延暦寺の訴えによるのであろう。念仏の「哀音・亡国」の説は念仏批判の決まり文句にさえなっていた。

天台座主には妙法院の尊性親王が三十九歳で再任されていた。尊性は後高倉院（守貞親王）の第一皇子で後堀河院の兄にあたる。天福二年七月、後堀河院の病に護持僧として法華法を行うが翌月に院は死去する。尊性は就任いらい延暦寺諸堂の修復につとめたが、山内で無動寺と南谷の衆徒が争って合戦におよび、殺傷と堂舎の破壊がくりかえされている。また延暦寺の大衆・神人らは神輿を奉じて洛中へ強訴《ごうそ》におよび、防御の武士と合戦をくりかえし双方に死傷者が出ていた。尊性が六年在職して病没すると九条道家の息慈源が座主に就任する。延暦寺と九条家は親密になり、法性寺で道家のため七仏薬師法や五壇法を行い「山門」流皆門弟也」とまでいわれている。

京都ではこの年の九月大地震があり、宝治にかけておよそ十年のあいだ地震が頻発する。客星が現れて天文の異変により文暦と改元するが、疱瘡が流行したり、火災・炎旱・洪水とつづくなかで、正月の御斎会はじめ法勝寺修正会や法成寺八講が恒例のこととして催される。そのあいだ焼失した法勝寺阿弥陀堂や蓮華王院の再建供養など行われていた。

親鸞の住居は定まらないで左京と右京をあちこち移住したが、五条西洞院あるいは押小路南万里小路東などその跡とされる。五条西洞院あたりは景勝地だったといい、現在の下京区松原通り西洞院東あたり、大谷派光円寺がその遺跡と伝える。押小路南万里小路東は親鸞終焉の地である。弟尋有の住坊で善法坊とよんだ。

諸宗の展開

たとえば京都の五条西洞院あたりからは西山が近い。それより北に眼をたどると愛宕山が望まれ、東をふりさけみれば比叡山が浮かびあがる。それから東山の峯々を南端まで追うと山麓に大伽藍の大屋根がみえる。東福寺の仏殿である。延応元（一二三九）年に九条道家の発願により創建された。南都の東大寺と興福寺から一字ずつとって「東福寺」と名づけたのである。本尊釈迦仏像は高さ五丈の大仏で奈良の大仏に対して新大仏とよばれ、落慶《らっけい》に際して「釈迦在世の遺跡を恋慕し、如来滅後の値遇を欣求す」とうたわれた。道家が越中の東条・川口保など寺領を施入し、諸堂の造営をすすめ円爾弁円《えんじべんねん》を住持にむかえた。真言・天台・禅を兼修し、道家没後はその子一条実経により建長七（一二五五）年に竣工をみる。円爾弁円はかつて承元二（一二〇八）年落雷で焼失した法勝寺九重塔の再建を主幹している。東福寺の大仏・大伽藍の規模は白河の法勝寺に対抗したのかも知れない。

東福寺のすぐ北には泉涌寺が建っている。建暦元（一二一一）年に宋から帰国した俊芿《しゅんじょう》が後鳥羽上皇の庇護のもとに再興した。貞応三（一二二四）年勅願所となり仁治三（一二四二）年四条天皇を葬してのち歴代の山陵が境内に設けられるようになった。泉涌寺は天台・真言・禅・浄土の四宗兼学の道場とされ、俊芿が宋からもたらした多くの典籍のなかに宗暁『楽邦文類』があって、はやく源空門下でも着目され若い親鸞もその文を写し取っていた。

鴨川五条辺の六波羅に近いところにある建仁寺も新しい。その名のように建仁二（一二〇二）年源頼家により寺地が施入され栄西《えいさい》を開山に迎えた。はじめ栄西は延暦寺で学び二度にわたって入宋して天台・密教・禅を伝え日本臨済宗の祖とされる。東大寺再建や法勝寺修築の事業にもかかわり、京都と鎌倉のあいだを往返して公家と幕府の信任をえていた。源空とほぼ同年輩で源空が『選択本願念仏集』を著わした建久九（一一九八）年、栄西は『興禅護国論』を書いている。日本における禅宗開宗の宣言書とされる。

禅宗といえば曹洞宗の道元ははじめ延暦寺で学び、建仁寺に入って栄西・明全《みょうぜん》について禅を修めた。明全とともに宋にわたり浙江省天童山の如浄《にょじょう》のもとで証りを得て帰国、京都深草に興聖寺を開き『学道用心集』を著わした。天福元（一二三三）年、道元三十四歳のときで、親鸞が京都をめざして関東を発つころである。その後道元は越前国波多野氏に招かれて大仏寺（永平寺）を創建するが、病気になって京都に帰り高辻西洞院辺で没した。建長五（一二五三）年五十四歳であった。いま終焉の地に「道元禅師示寂聖地」と刻んだ石碑が建つ。近くに住んでいた親鸞が道元と会っていたとも考えられる。

親鸞は禅宗のことを「仏心宗」とよび、真言・法華・華厳・三論法相とともに大乗至極の聖道のおしえとし、「この世にひろまる禅宗これなり」（建長三年閏九月二十日「消息」）といっている。

このように弁円・俊芿・栄西・道元らは表向き顕密僧として振るまい、精進して内に禅行をたくわえ公家や武士など権門の帰依をうけ伽藍に迎えられて多くの弟子を集めた。それにくらべて親鸞は、その事跡をたどると、当時の仏者として異質な道を歩いたことになる。親鸞はいう。「真というは、選択本願なり。（中略）選択本願は浄土真宗なり。（中略）浄土真宗は大乗のなかの至極なり」と。

さとりをひらいて仏になった者が人をみちびくのではない、選択本願にもよおされて一切の人びとと共に往生浄土の道を往くのである。資質の優劣や修行の長短、それに身分や善悪、男女老少のへだてはない。

『教行信証』の仕上げと師へのとむらい

関東から親鸞が京都へ移り住むには相当の理由があってのことである。嘉禄三（一二二七）

年、延暦寺大衆が勅裁をえて念仏停止して七年、過激な念仏批判もおさまれば、顕密仏教の本拠地である京都で『教行信証』を仕上げて浄土真実の教・行・証を顕彰し、後世に残さなければならない。『教行信証』は総序に「竊かに以みれば、難思の弘誓は難度海を度する大船」と揚言し、「信巻」序は「それ以みれば、信楽を獲得《ぎやくとく》することは、如来選択の願心より発起す」、後序は「竊かに以みれば、聖道の諸教は行証久しく廃れ、浄土の真宗は証道いま盛なり」の文言により切り出される。いわば浄土真宗の宣言である。それだけに『教行信証』全部にわたり綿密に推敲が重ねられる。「文類」であるから、課題ごとに根拠になる文言を仏典から漢籍まで綿密に採訪して裏づけなければならない。そのため源空の指南をこえて改めて「大蔵経」を検索し、中国より新来の文献を探索しなければならない。完成した『教行信証』は「顕浄土真実教行証文類」の名実をもつから、仮り住まいの草庵にとどめるにしても顕密仏教の本拠地である京都に確保しなければならない。そのほかに師恩にむくいる術はない。『教行信証』は次の言葉でむすばれている。

　慶ばしいかな、心を弘誓の仏地に樹《た》て、念を難思の法海に流す。深く如来の矜哀《こうあい》を知りて、良《まこと》に師教の恩厚を仰ぐ。慶喜いよいよ至り、至孝いよいよ重し。これに因って、真宗の詮を鈔し、浄土の要を摭《ひろ》う。ただ仏恩の深きことを念じて、人倫の嘲《あざけり》を恥じず。もしこの書を見聞せん者、信順を因とし疑謗《ぎほう》を縁として、信楽を願力に彰し、妙果《みようか》を安養に顕さんと。

円爾弁円はじめ俊芿・栄西・道元らが、これほどの思いをこめて書を残しただろうか。「ひそかに、おもんみれば」「よろこばしいかな」、思いのほどを言葉に刻んで、親鸞は京都で感慨を深める。『教行信証』を仕上げるとともに師・源空の跡をとむらう。源空の遺骸は嘉禄の法難のおり火葬され遺骨が嵯峨二尊院の塔に納められていた。

親鸞がはじめて源空をたずねておしえにあずかった東山大谷の坊（廟）は、勢観房源智により再興され大谷寺と称している。源智は師に親しく仕え臨終に侍して「御臨終日記」源空の『一期物語』（醍醐本）など記録を残している。勢観房源智はその名のとおり智慧と精進の僧侶だった。親鸞が大谷の旧跡に源智を訪ねて師の往事を問うのは当然であろう。源智は親鸞より年下であったが、その後暦仁元（一二三八）年、五十六歳で没する。

源空の旧坊大谷吉永の遺跡から北を望むと比叡の山並を背に法勝寺九重の大塔が昔のように聳え建っている。承元の念仏停止の翌年五月に雷火で焼け、五年後の建保元（一二一三）年に再建されていた。

聖覚への傾倒

師源空の没後を弔うとともに親鸞は聖覚との再会を期していたのでないか。訪ねるとすると聖覚の里坊である大宮の安居院である。聖覚は文暦二（一二三五）年、七十一歳で没するが、聖覚との再会がかなったかどうか。

親鸞はこのころ聖覚に傾倒していた。確かな事跡では聖覚が同年三月六日（五日とも）に没したあと、親鸞は同年六月十九日に『唯信鈔』を平仮名で書写している。これまで親鸞はたびたび『唯信鈔』を書写しているが、すべて片仮名に漢字まじりの本である。この本にかぎって平仮名に漢字まじりで写された親鸞の真蹟本が津市専修寺に伝わっている。終りに「文暦二年乙未六月十九日　愚禿親鸞書之」と記し、上欄の余白に「文暦二年乙未三月五日　御入滅也」と追記されている。「ひらがな『唯信鈔』」として知られるが、聖覚没後まもなく親鸞が平仮名『唯信鈔』を入手して写したのであろう。親鸞の感慨のほどが思われる。

ところで親鸞は平仮名『唯信鈔』を写してから本を改装して、紙背に『見聞集』と題して文献を集録している。善導とならぶ中国の浄土教祖である法照の『浄土五会念仏略法事儀讃』と『涅槃経』の要文、それに聖覚に関する伝聞である。親鸞が京都に帰って採訪したもののようで、聖覚に関する伝聞では「表白文」「聖覚返事」「或人夢」が収められている。

「表白文」は、これまで見たように、源空の徳をたたえる法会のため聖覚が作った文である。「我が大師聖人（源空）釈尊の使者として念仏の一門を弘め、善導の再誕として称名の一行を勧めたまえり。専修念仏の行これより漸く弘まり、無間無余の勤め今にあって始めて知りぬ」と讃え、源空は「無明長夜の大きなる灯炬・生死大海の大きなる船筏」だとし、「願わくは弥陀如来・善導和尚、信心を鑑みて哀愍を垂れ、大師（源空）上人、同学等侶、懇志を照らして随喜を致したまえ。自他同じく極楽界に往生し、師弟共に弥陀仏に奉仕せん」と結んでいる。これら聖覚の源空への賛辞が、親鸞の「正像末和讃」や『尊号真像銘文』の著述につながっていく。

つぎの「御念仏之間用意聖覚返事」と「或人夢」とは皇子雅成親王（但馬親王）と後鳥羽上皇が聖覚を尊敬したという伝聞である。

前者は承久の乱で但馬国に流された親王が、念仏の作法について聖覚に質問した返事である。親王の質問は「令旨」とされ、それに聖覚が答えたものである。「念仏は一切の功徳善根のなかで最上であり、十悪・五逆の罪障も障りにならない。ただ一称十念の力で決定して往生すると、真実堅固に信受なさるべきである。障身・懈怠・不浄・恐怖・散乱・妄念では往生はかなわぬと思うのは間違いである。毎日の念仏の所作に不浄は障りにならず、常に念仏して行・住・座・臥・時処・所縁を選ばない」と。

「或人夢」は、ある人の夢の形をかりる。隠岐院がまだ後鳥羽上皇であったとき、大宮通を上に向かって行幸のおり、たまたま聖覚が車に乗って北から下りてきて簾をあげた。上皇は聖覚だと気づくと車を止め「釈迦がお出でになる」と拝み、人びとにも「釈迦がお出でになる、拝みまいらせよ」と命じた。ここで上皇の命を「宣旨」といい、人びとが聖覚を拝むところで夢がさめたというものである。後鳥羽上皇は承元元年の念仏停止ののち、承久の乱により隠岐に流された。聖覚が没した文暦二年のころ後鳥羽院はなお隠岐で存命である。人の夢をかりて後鳥羽院みずから聖覚を釈迦如来だと拝み、人にも拝ませたという話である。聖覚が源空を釈尊の使者・善導の再誕とあがめ、「或人夢」では聖覚が釈迦として上皇から拝まれる。そういう伝聞を親鸞が『見聞集』に収めたのである。

治世の音として

聖覚が『唯信鈔』を著わしたのは承久三（一二二一）年八月十四日で承久の乱直後のことである。右の「聖覚返事」は乱後に但馬国へ流された雅成親王に同年十二月十九日付で聖覚が発信したものである。その内容が『唯信鈔』の趣旨と一致するのは当然として、聖覚のおしえが乱後の人心を和ませたことになる。いま親鸞が都に帰ってみて、かつて「亡国の音」と弾劾された念仏が、主上臣下の敬いを得て「治世の音」として広まる思いであろう。ここで親鸞が書写した「聖覚返事」の末尾に「安居院法印御入滅年　文暦二年三月六日　御年七十一」という親鸞の追記がある。再会かなわず聖覚に先立たれたことが、六十三歳の親鸞の年齢にひきあわされ著述への意欲をつのらせたであろう。

四　漢語の思索・和語の体験

後を導き、前を訪う

親鸞が『教行信証』を仕上げるめあての一つは聖覚に披閲を乞うことでなかったか。しかしそれは聖覚の死没により叶わなかったようである。さきに引いた『教行信証』終りに「この書を見聞せん者、信順を因とし疑謗を縁として」云々につづけて『安楽集』より「前《さき》に生まれん者は後を導き、後に生まれん者は前を訪《とぶら》え、連続無窮《むぐう》にして、願わくは休止《くし》せざらしめんと欲す。無辺の生死海を尽くさんがためのゆえなり」という記述がある。これはよく知られるように『唯信鈔』の次の言葉によっている。

これをみん人、さだめてあざけりをなさんか。しかれども、信謗ともに因として、みな、まさに浄土にうまるべし。今生ゆめのうちのちぎりをしるべとして、来世さとりのまえの縁をむすばんとなり。われおくれば人にみちびかれ、われさきだたば人をみちびかん。

ん。

生生《しょうじょう》に善友《ぜんぬ》となりて、たがいに仏道を修せしめ、世世《せせ》に知識として、ともに迷執をたた

聖覚が『安楽集』にかりて述べた『唯信鈔』最後の辞である。この辞を親鸞が『教行信証』の終りに掲げたのである。この世において再会も『教行信証』披閲もかなわず、浄土へさきだった聖覚への思いを込めたものであろう。

『教行信証』の完成

これより『教行信証』が完成するまで、なお十余年を要したらしく寛元五（一二四七）年、親鸞の弟子尊蓮によりはじめて『教行信証』全部が書写されている。このとき親鸞は七十五歳。尊蓮は親鸞の従弟で京都に居住して学問の素養もあって親鸞に信頼されたようである。ついで建長七（一二五五）年、親鸞八十三歳のとき下野高田の弟子専信房専海が、改訂された『教行信証』の書写を許され（高田専修寺所蔵）、同時に親鸞の肖像画（安城御影《あんじょうのごえい》東本願寺所蔵）を絵師に描かせている。おりおり関東の弟子たちが上京して親鸞をたずね、しばしば手紙がかわされた。

『教行信証』につづいて親鸞が取り組んだのは「和讃」の撰述であった。親鸞の「和讃」は和

文の『教行信証』であるといわれる。『教行信証』は漢語、「和讃」は和語で著わされて、表現は異なるが両書とも構成と内容において浄土真宗の教えとその伝統を述べている。私のみるところ親鸞は漢語と和語の両面から浄土真宗を説き明かし、端的には念仏「亡国」説を覆して、念仏「治国」を謳いあげたのである。

学ぶ漢語、語りかける和語

親鸞は漢学の家にうまれ、延暦寺に入って経典を読誦し、漢語の論議のなかで育った。学問の素養は漢字で培われていたのである。東山吉水で源空に師事してのちも、学ぶのは師の主著『選択集』はじめ、源信の『往生要集』から中国唐の善導『観経疏』まですべて漢語の文献であった。そのなかで師の源空が吉水の禅坊に集まる人びとに語りかける言葉が、わかりやすい和語であった。そこでは延暦寺や興福寺など諸寺でいかめしく交わされる論議とはまったく違う世界が開けていた。それと浄土往生のおしえについての質疑に、源空がおりおりに返事する手紙も仮名書きであった。いわば学問と教義を漢語で学び、教化と信仰を和語で聞くなかで、親鸞は源空の弟子として成長したのである。

念仏停止により配所の越後に赴く親鸞の笈《おい》も漢語の文献で満たされていた。国府辺の草庵ですごす歳月も、みずから書写して所持する経釈文の味読の明け暮れだったろう。越後から関東に移って『教行信証』執筆の構想に入れば、思考の基本は漢語であり、思索をうながすのは漢語の典籍であった。そのなかで善導『往生礼讃』の一節「人間怱怱《そうそう》営衆務　不覚年命日夜去　如灯風中滅難期　忙忙《もうもう》六道無定趣（人間怱怱にして衆務を営み、年命の日夜に去るを覚えず、灯の風中にありて滅すること期し難きが如し、忙忙たる六道定趣無し）」、あるいは『般舟讃』の「若非釈迦勧念仏　弥陀浄土何由見　心念香華偏供養　長時長劫報慈恩（若《も》し釈迦の勧めて念仏せしむるにあらずば、弥陀の浄土何に由《より》てか見ん、心に香華を念じて偏《あまね》く供養し、長時長劫に慈恩を報ぜよ）」など、善導の痛切きわまる詩情の韻文は親鸞のこころを揺り動かした。それはやがて『正信念仏偈』の制作をうながし『教行信証』「行巻」におさめられる。

これまで漢語の典籍に没頭してきた親鸞が、関東にきて聖覚の『唯信鈔』や隆寛の『自力他力事』『一念多念分別事』など、仮名書きの著述に接したのは大きな転機であった。しかもそれら著書には『往生礼讃』『般舟讃』の深い感動をよぶ韻文が漢語の原文で要所にかかげられている。たとえば『唯信鈔』に、仏の名号をもって往生の因とすることについて「如来尊号甚分明　十方世界普流行　但有称名皆得往　観音勢至自来迎（如来の尊号は甚《はなは》だ分明なり、十方世界に普《あまね》く流行す、但称名のみ有らば皆往くことを得、観音勢至自ら来迎す）」（善導『法事讃』）の文がひかれている。のちに親鸞はこれら漢語の韻文を読み下して、和語で分かりやすく解説している（『唯信鈔文意』）。

このようにして親鸞は『教行信証』の執筆を機に漢語の経釈文により思索を深め、『唯信鈔』『一念多念分別事』など和語の解説書により教えを和らげて自身にそそぎ、やがて「和讃」撰述により和語の歌謡をもって念仏の徳を世にうたいあげることになる。しかし親鸞のばあい『和讃』の原点は『無量寿経』の偈文はじめ曇鸞の『讃阿弥陀仏偈』や善導の『法事讃』『往生礼讃』『般舟讃』にうたわれる浄土の讃歌であった。いうまでもなくこれら讃歌はすべて漢語で表されており、この国では「朗詠」に属するものである。

親鸞は日頃これら偈や讃に親しみ暗誦していて、ときには朗詠もした。漢語の韻文は字句に意味が凝縮されて格調がたかい。くりかえし誦すると心にしみて意味が深まる。親鸞みずからも『正信念仏偈』と題する漢語の韻文をつくり、これを主著『教行信証』「行巻」に掲げている。「帰命無量寿如来、南無不可思議光」にはじまり「道俗時衆共同心、唯可信斯高僧説」まで、一句七字で百二十句にもおよぶ偈頌である。

歌謡から和讃へ

ところで聖覚の『唯信鈔』は和文で、表現として真・行・草の草にあたるが、要所ごとに善導の讃文が原文で掲出されている。漢語の素養がなければ読み込めない。親鸞はそれを読み込み和らげて人に伝えるなかで「和讃」の発想を得たのであろう。「和讃」の背景はかつて京都で流行した詩歌や今様など歌謡の世界である。和語で七五調の句を四句つらねて一首として仏徳を讃嘆する。「和讃」の形式は「空也和讃」(空也)や「極楽国六時讃」(源信)にはじまるようであるが、今様は親鸞の幼いころ都で大流行した。後白河院の今様愛好はよく知られる。親鸞の四句「和讃」のばあい「今様」の法文歌に倣ったようで、いわば当世はやりの和語の歌謡にのせて親鸞が念仏の讃歌を作ったのである。それは京都ならではの発想であった。

和讃の世界

京都の歌壇では後鳥羽院を中心に源通具・藤原有家・藤原定家らにより『新古今和歌集』が選集されていた。後鳥羽院は親撰に意欲を持ちつづけ、隠岐に流されて後まで歌集の追加と削除をつづけたといわれる。つづいて後堀河天皇の命で藤原定家の撰により『新勅撰和歌集』が貞永元(一二三二)年に完成する。親鸞が京都に帰るすこし前のことであった。『新古今和歌集』の妖艶華麗な趣きに対して『新勅撰和歌集』は平坦優雅の風があるとされる。

この国では平安朝より歌がさかんに詠まれてきたが、仏のおしえからは美しく飾った言葉を弄ぶのを「狂言綺語《きようげんきご》」といい、罪深いこととされた。仏の戒める十悪に殺生・偸盗《ちゆうとう》・邪婬についで両舌《りようぜつ》・悪口《あつく》・妄語・綺語があげられるからである。物語を書いたり歌を詠んだりするのは「綺語」の罪を犯すことであった。他方ではまた狂言綺語にかりて仏徳を讃嘆の縁とするという趣向で、法門歌や釈教歌というジャンルも開けていた。『新古今和歌集』には釈教歌五十九首がのせてある。たとえば次のような趣である。

極楽へまだわが心ゆきつかず　ひつじのあゆみ　しばしとどまれ　　前大僧正慈円
やみはれてこころのそらにすむ月は　にしの山べやちかくなるらん　　西行法師
雲はれて　むなしき空にすみながら　うき世の中をめぐる月かな　　寂然法師

『新古今和歌集』には前大僧正慈円の詠んだ歌は九十一首も撰ばれており、そのうち恋歌の部に有名な「わが恋は松も時雨のそめかねて　真葛が原に風騒ぐなり」が載せられている。しかし親鸞が帰った都には西行も慈円も高弁（明恵）ももういない。ついで『新勅撰和歌集』釈教歌五十六首のうち、たとえば三首。

すむとてもおもひもしらぬ身のうちに慕ひてのこる有明の月　　後京極摂政前太政大臣
さはりなく入る日を見ても思ふかなこれこそ西のかどでなりけれ　　郁芳門院安芸
清滝や瀬々の岩なみ高尾山人もあらしの風ぞ身にしむ　　高弁上人

このような都における歌壇のうごきを親鸞はどうみたのだろうか。親鸞の「和讃」はもとより叙情や詠嘆ではない。今様調の七五調四句の形をかりて、阿弥陀如来の名号と浄土高僧の徳をひたすら讃嘆し、疑いそしる者を悲嘆するのであった。

終章

浄土真宗のコスモロジー

真宗の教証を片州に興す

現在の京都市街はビルが建て込んでいて街なかから遠望はできないが、平安京の時代には比叡山は洛中どこからでも見えた。北東にそびえる延暦寺をめざして山を分け入ると、東塔・西塔・横川の谷間には堂塔が林立して、堂内にきらびやかな仏菩薩像が居ならび、森厳な仏の世界を現出している。南都の東大寺と興福寺となると、いったん焼失したものの見事に再建され、元興寺・薬師寺・大安寺などとともに奈良朝いらい伽藍仏教の聖地として、七堂伽藍がそなわり毘盧遮那大仏はじめ丈六仏が群立して金色にかがやいている。南方の鳥羽より京都に入ると朱雀大路の入口に教王護国寺（東寺）の伽藍が威容をみせる。

東の逢坂山から京の粟田口に出ると、白河の地に法勝寺の八角九重大塔はじめ六勝寺の堂塔伽藍が群をなして、堂内に壮大で華麗な法界が顕現している。それに御堂関白藤原道長の法成寺は洛中の鴨川西岸に堂宇を展開し、十一間の阿弥陀堂は再建されて丈六九体仏が居ならび、法勝寺九体阿弥陀堂とともに西方極楽世界の荘厳を目の当たりにした。また南の宇治に向かうと藤原頼通の平等院阿弥陀堂（鳳凰堂）があり、日野には親鸞の一族ゆかりの法界寺に阿弥陀堂がたたずまいをみせる。洛中にもどると河東に建仁寺・泉涌寺・東福寺の伽藍が新たにそびえている。

京都はそのまま仏国土の現出する世界であった。ローマのカソリック大聖堂に匹敵するような堂塔伽藍がならび建ち、広大荘厳きわまりない顕密仏教の世界が眼前に展開する。そのひろがりを見渡して親鸞は浄土真宗の教証を確かめ、選択本願のコスモロジーを構築しなければならなかった。親鸞は洛中を転々と移り住みながら、東山吉水の坊舎で源空に親しくつかえた日々を思う。

本師・源空は、仏教に明らかにして、善悪の凡夫人を憐愍《れんみん》せしむ。真宗の教証、片州に興す。選択本願、悪世に弘む。（『正信念仏偈』）

「源空は、仏教に明らかにして」というところに深い意味が込められている。世は五濁悪世である。それだからこそ、善悪の凡夫人の身のうえが傷み悲しまれる。貧窮の悪人や愚者はもとより、富貴の善人も智者も無残に転落して、生死流転の身であることに気づけない。如来の選択本願の念仏を悪世に弘む、とはどれほどのことだったのか。

念仏三昧

師の源空こそ大勢至菩薩の化身であった。師の吉水の質素な住坊の持仏堂には三尺の阿弥陀如来像をひそやかに安置し、往生浄土の祖師として曇鸞・道綽・善導・懐感・少康ら五人の絵像が側に掛けてあった。宋渡来の浄土五祖像により源空が案出して画かせたものであろう。顕密仏教の世界では当麻《たいま》曼荼羅や智光《ちこう》曼荼羅など、西方浄土の広大な荘厳を精彩に画いた大幅の浄土変相図、それに聖衆《しようじゆ》来迎図や山越阿弥陀如来像が流布していたが、源空の身辺にはその形跡はない。

しかし源空は別に期日をさだめて持仏堂で毎日七万返の念仏三昧をおこない、極楽世界や阿弥陀の仏身を目の当たりにしている。三昧発得という。源空が念仏三昧に入ると『観経』に説く日想観・水想観・地想観が成就して、浄土の宝樹・宝池・宝殿が現れた。その後建仁元(一二〇一)年正月には勢至菩薩があらわれ、二月には浄土の鳥の声や琴・笛・笙の音がきこえたという。また翌二年十二月念仏三昧中に阿弥陀仏が丈六ほどの姿をあらわし、元久三(一二〇六)年には大身の阿弥陀三尊が眼前に出現した。またある夜の夢には善導が紫雲のなかに現れ、源空が専修念仏をすすめるのをほめたという。

浄土の光景をありのまま心に思い浮かべるなど、心弱く懈怠しがちな凡愚におよびもつかない。源空はそれほどの精進と練磨を体験しながら、人には善悪・智愚を問わず、時処をえらばず身心のあるがままに念仏せよとすすめたのである。源空の臨終におよんで弟子が正念のため阿弥陀如来像の指に掛かる五色の糸を自分の手に採っては促すと、大様なことをせずともよいと制したという。

ここにおよんで源空の述懐が再び思い起こされる。

もろこし、我がちょうに、もろもろの智者達のさたし申さるる観念の念にも非ず。又、学文をして念の心を悟りて申す念仏にも非ず。ただ、往生極楽のためには、南無阿弥陀仏と申して、疑《うたがい》なく往生するぞと思《おもい》とりて申す外《ほか》には、別の子《し》さい候わず。（『一枚起請文』）

新しい本尊の創出

仏や浄土の観想というと、経文に精通して形象や色彩を凝らす煩瑣な行儀作法のうえに精進が求められる。かつて源空の弟子のあいだで「摂取不捨曼荼羅」というものが行われて識者の顰蹙をかったことがある。元久二（一二〇五）年、「興福寺奏状」第二条に糾弾されたこともある。画面中央の阿弥陀仏より発する光明が放射線状にひろがり、人間界から三悪趣を越えて他の仏国土におよぶ光景である。そのなかで仏の放つ光明が専修の念仏者だけを照らして、天台、真言など他の行者を照らさないで光が屈折したり反射する様相を描いたものがあった。

師の深い思慮を知らず、おしえを曲解して仏の慈悲にあまえ、一人よがりの驕慢に陥って、俗の受けに入るものである。極端な事例であるが法然の専修念仏のすすめが各地にひろがる先で起きたことである。東国においても長年にわたる親鸞の教化のなかで、「本願ぼこり」（仏の慈悲にあまえて悪行や罪をおそれず、悪をつつしむ人を嘲る）、「造悪無碍」（仏のこころは悪人の自覚のある者によく届くとして、罪をおそれず殊更に悪行におよぶ）などの言動が聞こえた。そうしたなかで在地の支配者のあいだで念仏者が秩序にそむき課役など蔑《ないがし》ろにするとして、念仏停止の沙汰に及ぶうごきがあった。そこで門徒所依の本尊が糾されることもあり、親鸞に崇敬礼拝の対象としての「本尊」下付が要望された。

無碍光の名号

京都でひそやかに暮らす親鸞の仮り住まいには「帰命尽十方無碍光如来」または「南無不可思議光如来」、「南無阿弥陀仏」と自筆で大書され、軸に仕立てて掛けてあった。上下の欄に讃銘として『無量寿経』と『浄土論』「願生偈」の文を選んで書き込み「愚禿親鸞（年齢）敬信尊号」と署名してあった。親鸞創出のいわゆる「本尊」である。その脇に師源空の絵像が掛けてある。

一般に本尊というと仏菩薩像が彫刻や絵画で表わされるが、親鸞は自分で筆を揮《ふる》って大書した仏の名字を「名号」とも「尊号」とも呼んで礼拝の対象にしたのである。「帰命尽十方無碍光如来」は「尽十方無碍光如来に帰命したてまつる」と読む。「南無阿弥陀仏」は「阿弥陀仏に南無したてまつる」と同意である。いわば動詞形の句を本尊に掲げて礼拝恭敬《らいはいくぎょう》の対象にするのである。

関東からはるばる上京して親鸞を訪ねてきた弟子たちが、それら尊号と源空の影像を礼拝して親鸞と語らうなかで、おのおの経営する道場で本尊として用いる尊号や脇に掛ける浄土の祖師像を所望し、銘文の選定や染筆をもとめる人たちがいた。そこで親鸞は尊号の恭敬礼拝と教化の立場から、如来の選択本願にもとづく浄土真宗の世界の構造をイラスト化することにした。いわば『教行信証』「和讃」によって言語化された浄土真宗のコスモロジー（世界）を形象化するのである。そのオリジナルな形を伝えるのが三重県津市専修寺や愛知県岡崎市妙源寺に伝わる「名号本尊」や「光明本尊」である。

光明本尊

妙源寺に伝わる光明本尊は三幅仕立て。中幅は縦一七七センチで金字「南無不可思議光如来」の九字名号を中心にして金色の光明が波形をなして放射状に広がる。上欄に『無量寿経』の文、下欄に「和朝釈親鸞正信偈曰」として「本願名号正定業」以下「即横超截五悪趣」まで二十句が墨書され、下野高田門徒の真仏の筆跡とされる。真仏は親鸞に先立っているから、この光明本尊は親鸞の存命中にその指示を受けて製作されたことになる。

金字九字名号の向かって左側の一幅にはインド・中国高僧像を画き、右側の一幅には日本高僧像を描く。下方に聖徳太子が正面向き立姿で四人の眷属（蘇我馬子・小野妹子・学哥《がつか》・恵慈《えじ》）をしたがえる。そのつぎに恵心和尚（源信）が礼盤（高座）に坐して正面向き。その後ろに法印聖覚・信空法師・源空聖人（礼盤）・親鸞法師（敬称は原本のまま）が畳に坐し、左または右向きである。親鸞は薄墨色の衣に墨袈裟を着けて襟に白い毛子をまとい、黒衣姿の源空の背後にやや遠慮がちに小さく画かれている。源空のまわりに師を慕い囲むように座る聖覚・信空・親鸞の像は表情も豊かに生き生きとして親しみやすい。なお聖徳太子と源信には別に讃銘の枠を設け、軸の下欄には聖覚の「表白文」より、「それ根に利鈍あらば、教に漸頓あり」云々の文。上欄には源空の『選択集』の文が掲げられている。


南無阿弥陀仏、往生の業は念仏を以って本とす。

それ速やかに生死を離れんと欲《おも》わば、二種の勝法の中に、しばらく聖道門を閣《さしお》いて、選びて浄土門に入れ。浄土門に入らんと欲わば、正雑二行の中に、しばらくもろもろの雑行をなげすてて、選びてまさに正行に帰すべし。

まさに知るべし。生死の家には、疑いをもって所止とし、涅槃の城には信をもって能入とす。

究極の師の言葉

親鸞が『選択集』を源空から授かったのは三十三歳のときであった。それから五十年も『選択集』をくり返し読みつづけて、ここでいま親鸞が浄土真宗の全体系を見渡すとき、源空の究極の言葉として選んだのが右掲出の三句である。

はじめの文は『選択集』の巻頭に掲げられていて、浄土真宗の宣言に相当する。往生の業は「南無阿弥陀仏」と称える念仏をもって根本とする。そのほかの業は無用である。それはまた天親「願生偈」に通底していて、尽十方無碍光如来への帰命を一心にうながす。「速やかに生死を離れんと欲わば」以下の聖道門と浄土門を決判する文は、道綽を通して龍樹の難行道・易行道の顕示に逢着する。終りの「まさに知るべし」とは、温厚このうえない源空が決然として語った言葉である。「涅槃の城には信をもって能入とす」。この一文は源空のすすめた念仏が源空の生涯をつらぬき、信の一念に極まったことをあらわす。

光明本尊の上下段には親鸞の肖像とその銘が掲げられるが、もとより弟子たちの要望によるものである。親鸞の称号は「和朝愚禿釈親鸞」である。相貌は八十三歳の「安城御影」に似るが、それより若くもみえる。額に皺がきざまれ、眉はつりあがり、眼はするどく、口元はひきしまって突き出ている。それに頬骨が張っていて、精悍で強固な意志がただよう。その口元から親鸞は歯が丈夫であったと見る人もいる。さて、その銘文も弟子の望みにこたえて親鸞が自分で選んだもので『正信念仏偈』より「本願の名号は正定の業なり」以下「すなわち横《よこざま》に五悪趣を超截す」まで二十句が載せてある。『正信念仏偈』全百二十句のなかから親鸞みずから究極に選んだのが、この二十句なのである。なかでも「横に五悪趣を超截す」るということが、一心に尽十方無碍光如来に帰命して安楽国に生まれんと願ずることの帰結であった。

浄土真宗のコスモロジー

弟子たちの要望で思いもかけぬ展開になったものである。

釈迦の出世本懐とされる『無量寿経』により阿弥陀仏の尊号に帰命し、インド・中国・日本にわたる本願の伝承を跡付けて造形化するなかで、その構造のなかに親鸞みずから座を指定することになった。しかもその座は「和朝愚禿釈親鸞」であり、讃銘は『正信念仏偈』である。源空の浄土真宗を親鸞みずから実験し、教えの根源をたずね明かしたうえ、その歴史的展開を造形化したとき、あらたに見えてくる世界があった。

ことのはじまりは弟子たちの営む道場における「本尊」の要請である。形象をかたどり色彩をほどこすことを頑なに拒んできた親鸞である。ここにきて内に開ける世界観の確認と教化への展望から、浄土真宗の世界が造形化され色彩を帯びることになった。しかし、どのように形象を描き彩色をほどこそうと、形と色の基底にねざす「言葉」をかかげて、「言葉」を斥けることはなかった。それが尊号と真像と銘文の世界である。あわせて『尊号真像銘文』という。

これまで親鸞は浄土真宗の世界を『教行信証』により論証し、「和讃」により讃嘆してきた。ここにきて『尊号真像銘文』により浄土真宗の世界を造形してみることになった。そうなると、きびしい念仏批判のなかで内向きになりやすかった浄土真宗の論証と讃嘆から反転して、外向きに浄土真宗の世界を打ち出していくことになる。

弟子たちが京都の親鸞をおとずれて尊号と真像の絵図を所望して、親鸞の指示にしたがい絵師と表具師に発注する。一幅または三幅に仕上った掛軸の上下の欄と、表画面の色紙状の余白に親鸞が墨筆を揮って人名と銘文を書く。親鸞は身も心もおどる思いであった。こうして出来上がった尊号・真像・銘文を弟子が持ち帰って道場に掛け、仲間たちと拝む。それが門徒のあいだで評判になり、親鸞のもとへ注文が相次いだのでないか。関東在地の権力者が念仏者の不審をただすため、道場に踏み込んで本尊の由来を詰問するとする。対する弟子にとって『尊号真像銘文』は生きた師の応答そのものであった。

弟子覚信房のこと

このようなうごきのなかで、下野国高田の弟子覚信房のすがたが浮かぶ。覚信はかねて親鸞に所望して「尊号真像銘文」の解説書を授かっていた。『尊号真像銘文』と題する冊子で建長七（一二五五）年六月二日付で親鸞が覚信に書き与えたものである。八十三歳の筆跡もゆかしい親鸞自筆の原本が専修寺に伝わる。「尊号真像銘文」に漢文で掲出された讃銘を和文に訳して平明に解説したものである。後に御礼として覚信房の方から手紙とともに銭三百文が届けられている。

後年に覚信房は親鸞に会いたくて下野国高田から京都へのぼるが、途中「ひと市」というところで病気になってしまう。行く先は遠く連れ立つ者が引き返すようにすすめるが、覚信房は「死ぬほどの病気なら、引き返しても死ぬだろうし、留まっても死ぬだろう。おなじことなら聖人のお側で命終しよう」と言って上洛を果たした。『歎異抄』に伝える「おのおの十余か国のさかいをこえて、身命をかえりみずして、たずねきたらしめたまう御こころざし、ひとえに往生極楽のみちをといきかんがためなり」のこころである。

上洛した覚信房は国へはもどらず親鸞の側近くに住んで、ひごろ念仏の信心をたしかめ、親鸞に看取られるが、最期に「南無阿弥陀仏、南無無碍光如来、南無不可思議光如来」ととなえ、手を組み合掌して息絶えた。

京都に住む親鸞のもとには、関東の弟子門徒から名号本尊や銘文の染筆、聖教《しょうぎょう》冊子の下付、法門の質疑などについて訪れや消息の往返がある。そのなかで親鸞は『教行信証』の推敲や

「和讃」の制作に集中している。京都在住の弟子尊蓮（日野信綱）や蓮位（下間宗重）が近侍して親鸞を扶助したようである。そのほか洛中の弟子として宗綱・尋有・兼有・賢阿・善覚・浄信らの名が伝わる。尋有と兼有は親鸞の弟で、尋有は比叡山で僧都、兼有は三井寺で律師の位にあった（『親鸞聖人門侶交名牒』）。関東から弟子が上京して親鸞を訪れた折など、在京の弟子親族が寄り集まって住房は賑わいをみせた。

善鸞事件

在京の弟子の一人に善鸞がいた。親鸞の嫡男で父の教えを聞いて育ち、「慈信房善鸞」という名を授かっていた。ところが関東での念仏者の信心をめぐる争いに巻き込まれて混乱をまねき、親鸞に義絶される。事件のくわしい内容はわからないが、事柄はおよそ次のようであった。東国門弟の一部に「造悪無碍」の傾きがあり、秩序や風習にそむくとして権力者側が念仏禁止にうごいた。

善鸞は親鸞の名代として関東へ下り、造悪無碍の類の教誨にあたるが、現地での念仏批判にたじろいで、権力者側に回って造悪無碍の類を取りしまり、賢善精進の行儀をつのらせさえした。弟子門徒のあいだに疑惑がひろがり教団が混乱に陥った。事は幕府への訴訟にもおよび、性信の奔走により真相が判明する。建長八（一二五六）年五月になって親鸞は善鸞を義絶し、その旨を性信に知らせた。

このあいだ親鸞は多くの消息を書き、聖覚の『唯信鈔』や隆寛の『自力他力事』など冊子を写して弟子門徒におくり、力をつくして懇切な指導をつづけた。原因が明らかになって事件が収まるまで、性信の功労が大きかった。親鸞は性信への消息に感謝と労わりをのべている。動揺する弟子のなかで、性信は親鸞に習った念仏者のあり方をよく弁《わきま》えて、鎌倉で陳述におよび、事が収まったようである。親鸞は性信あての消息でその功をほめ、真実信心を得た人は「御報恩のために、御念仏、こころにいれてもうして、世のなか安穏なれ、仏法ひろまれと、おぼしめすべしとぞおぼえそうろう」と言っている。

仏法の謗難は外側ばかりでなく内側にひそむ。まさに「獅子身中の虫」である。苦悩を克服して親鸞の心境はさらに開けたようである。たとえば先にみた浄土真宗のコスモロジーとしての『尊号真像銘文』の初稿は建長七（一二五五）年に親鸞が覚信房に与えたものであったが、善鸞事件後の正嘉二（一二五八）年改定の本では構想が改まる。自筆の銘文とその解説文も躍動している。

改定『尊号真像銘文』ではインドの部に勢至が新たに加わる。勢至は「大勢至菩薩」として登場し、その銘文に『首楞厳経』の文を掲げ、勢至が過去十二劫にわたり十二の如来につかえて修行し、最期の超日月光仏に念仏三昧を授かったとする。師の源空は大勢至の化身であって源空の伝えた念仏が超日月光仏の過去に発することを明示するのである。

　また新たに聖徳太子が登場して、その銘文は「縁起」文により百済聖明王の太子（阿佐）と新羅の聖人日羅が来日したおり、聖徳太子に向かって「救世観音大菩薩」と称して敬礼したことを記している。

　こうして尊号（名号）と真像（影像）と銘文（経釈）をあわせてイラスト化された世界の全景には、正面中央に「帰命尽十方無碍光如来」として仏が名号の姿で現れ、その両脇に観音大菩薩（聖徳太子）と大勢至菩薩（源空）が侍者として立つ。その背後に釈迦が『無量寿経』と『首楞厳経』の教主として現在する。向かって左側の世界は、画面下よりインドの龍樹と天親が菩薩形で並び、その上に中国浄土教の始祖曇鸞が登場する。曇鸞の銘文は迦才『浄土論』により、梁の皇帝蕭王が曇鸞の住む北方に向かい「鸞菩薩」と称して礼拝したという。

　源空によって開かれた浄土真宗は、如来の選択本願により発動して、インド・中国・日本にわたり、過去・現在・未来の三世をこえて有情を利益する光景である。その光景を最下段から仰ぐように親鸞の『正信念仏偈』文が据えられ、親鸞の姿は最上段にひっそりと源空の背後にかくれるようにえがかれている。

　これに呼応するように、かがやき躍動する浄土真宗の光景をうたい、仏と菩薩と高僧の徳をたたえる讃歌として「浄土和讃」「大勢至和讃」「浄土高僧和讃」「正像末和讃」「皇太子聖徳奉讃」の製作がつづけられた。

残される消息

親鸞の消息（手紙）は自筆原本の十一通を含めて四十二通が伝わる。その多くは親鸞没後に関東の弟子門徒のあいだに伝わる消息を集めたもので、ほとんど八十三歳をすぎた晩年に書かれている。ちなみに最晩年に近い文応元（一二六〇）年、親鸞八十八歳の消息をうかがってみよう。

なによりも、こぞことし、老少男女おおくのひとびとのしにあいて候うらんことこそ、あわれにそうらえ。ただし、生死無常のことわり、くわしく如来のときおかせおわしましてそうろううえは、おどろきおぼしめすべからずそうろう。まず、善信が身には、臨終の善悪をばもうさず、信心決定のひとは、うたがいなければ、正定聚に住することにて候うなり。さればこそ、愚痴無智のひともおわりもめでたく候え。（以下略）

文応元年十一月十三日　　善信八十八歳

乗信御房

常陸国奥郡（茨城県北部）に住む弟子の乗信房にあてた手紙である。生死無常の理をねんごろに説いた釈迦如来への尊崇と、弟子の乗信房によせる敬愛のこころが文言に漂う。署名も「親鸞」でなく凡夫にもどる「善信」である。これよりさき、弟子乗信より親鸞のもとへ手紙がとどき、去年から今年にかけ関東で老少・男女を問わず大勢の人びとが相次いで死んでいったと。そのなかに親鸞が知る人がいて名前をあげ、死に際の様子など報せであった。

それを聞いて「哀れに候え」といったんは凡情で受け止めたうえで、ともに「生死無常のことわり」に思いを返す。生死無常のことわりに目覚めたら、生死をいかにして超えられるか。これまで望みは絶たれてきた。そこを源空が「まさに知るべし、生死の家は疑いを以って所止とす。涅槃の城は信を以って能入とす」と、「信」の扉を開けていた。開いた扉の前に立って行けば、「信」の念仏を以って、おのずから涅槃の妙果にいたると決定する。それを正定聚という。もはや臨終の良し悪しなど問題にはならない。されば愚痴無智の人も終りもめでたく候えと。

親鸞最後の手紙

親鸞最後の手紙は弘長二（一二六二）年十一月十二日付で「ひたちの人々の御中」に宛てたものである。

このいまごぜんのははの、たのむかたもなく、そろうをもちて候わばこそ、ゆずりもし候わめ。せんしに候いなば、くにの人々、いとおしうせさせたまうべく候う。このふみをかくひたちの人々をたのみまいらせて候えば、申しおきて、あわれみあわせたまうべく候う。このふみをごらんあるべく候う。このそくしょうぼうも、すぐべきようもなきものにて候えば、申しおくべきようも候わず。みのかなわず、わびしう候うことは、ただこのこと、おなじことにて候う。ときにこのそくしょうぼうにも申しおかず候う。ひたちの人々ばかりぞ、このものどもをも御あわれみあわれ候うべからん。いとおしう、人々あわれみおぼしめすべし。このふみにて、人々おなじ御こころに候うべし。あなかしこ、あなかしこ。

十一月十二日

ぜんしん（花押）

ひたちの人々の御中へ

〔訳〕この今御前の母（親鸞の末娘覚信尼）は頼りにするところもなく、私に所領でもあれば譲りもしましょうが、それもかないません。わたくし善信が死にましたなら、国の皆さんは可哀相だと思ってやってください。この手紙を宛てて書く常陸の人々を頼りに致しておりますから、皆で哀れんでやって下さい。この手紙をお読みください。この即生房も生計をたてる術もない者なので、言い残すこともないようなものです。この身の思いのままにならず、わびしいのは、ただこのことだけで、いつもと同じです。ときには即生房に何も言い遺していません。常陸国の人々だけこそ、この二人の者どもを哀れみ、憐れんで下さることでしょう。いとしいと思い、哀れんでやって下さい。皆さん、この手紙をお読みになって、同情してやってください。あなかしこ、あなかしこ。

十一月十二日

善信（花押）

常陸の人びとの御中へ

死の近いことを知った親鸞が、身寄りのない娘覚信尼と息男即生房の扶助を、常陸の門徒に懇願している。このとき覚信尼は夫日野広綱に死別して寡婦の身であった。親鸞自身さだまった住居もなく所領も持たなかった。関東の門弟には何ほどかの所領を持つ者もいたから、親鸞が望めばかなわぬこともなかったであろう。しかし親鸞はあえて持とうとしなかった。

洛陽遷化

『親鸞伝絵』によると、親鸞の最期は次のようであったという。

弘長二（一二六二）年仲冬の十一月下旬頃、すこし加減がわるくなってからは世間のことなど口にせず、ただ仏恩の深いことばかりを述べ、余分なことは声に出さず、絶え間なく念仏を称えていた。そして同月二十八日正午ころ顔を西に向けて寝たまま、念仏の息が途絶えたと。それまで親鸞がこころに浮かべたのは源空の言葉「まさに知るべし、生死の家は疑いをもって所止となす、涅槃の城は信を以って能入とす」と、聖覚の言葉「われおくれば人にみちびかれ、われさきだたば人をみちびかん。生生に善友となりて、たがいに仏道を修せしめ、世世に知識として、ともに迷執をたたん」ではなかったか。場所は善法坊といい、洛中の押小路の南・万里小路の東で、弟尋有の住居であった。現在の京都市中京区柳馬場御池上ル、京都御池中学校の構内とされる。

最期を看取ったのは身内の覚信尼と即生房ら親戚の者と、弟子の顕智と専海らであった。彼らは関東から上京して京都に滞在して親鸞のおしえを聞いていた。翌二十九日夜、東山の葬場延仁寺に送って火葬、三十日に収骨した。

明くる十二月一日、覚信尼は越後に住む母恵信尼に手紙を書いて、父の最期をしらせた。手紙は十二月二十日すぎに越後へ着き、覚信尼あての返事が京都へとどく。翌年二月はじめの頃であった。恵信尼の手紙は「何よりも、殿の御往生、中々、はじめて申すにおよばず候う」という言葉ではじまっている。まず第一に、このたび殿（親鸞）が浄土へ往生せられたことは、なまなかに今さら申すにおよばない。比叡山をおりて六角堂の夢告により源空上人のおしえ一筋に生きられた殿のことである、御往生は御生前よりさだまっていたことであると。

なくなった親鸞の部屋には自筆の「帰命尽十方無碍光如来」の名号が掛かり、脇に親鸞生前の肖像画（安城御影）をそえ、その前に親鸞自筆の著書を積み、香が焚かれていたとする。弟子の顕智と専海らが『教行信証』を押しいただいて表紙を開くと、冒頭に「竊《ひそ》かに以《おもん》みれば、難思の弘誓《ぐぜい》は難度海を度する大船、無碍の光明は無明の闇を破する恵日《えにち》なり」の文言が眼前にある。また「浄土和讃」をめくると第一面に「弥陀の名号となえつつ　信心まことにうるひとは　憶念の心つねにして　仏恩報ずるおもいあり」の讃歌が現れる。躍動する筆致にひきつけられて字句をたどると、師の言葉が声になってひびく。ある者はその筆跡にならって「聖教」を写しはじめる。

遺骨はいったん東山鳥部野の北辺の墓におさめた。弟子たちも遺骨を分かちあって、それぞれ郷里に持ち帰って崇敬したことであろう。それから十年後の文永九（一二七二）年、墓を移転して東山の麓のなお西、吉水の北辺に廟堂を建て、親鸞の影像が安置された。覚信尼ら遺族が墓守の任にあたり、門弟が扶持する。場所は源空の墓所に近く東山吉水の禅坊付近にあたる。関東の門弟たちは毎年十一月に親鸞の忌を期して上京し、廟堂に親鸞の遺骨と影像を礼拝することになった。この世界における親鸞の終《つい》の居場所は、やはり京都だったのである。

そのおしえを伝える著述も、はじめは終焉の地にとどめ置かれて、訪れる門弟たちにより書き写され、後の世にひろまることになった。

宗祖親鸞聖人七百五十回御遠忌記念出版 真宗大谷派（東本願寺）
シリーズ親鸞《しんらん》

第一巻
名畑《なばた》 崇《たかし》 著
歴史《れきし》のなかの親鸞《しんらん》——真実《しんじつ》のおしえを問《と》う

2010年5月1日　初版第1刷発行

監修　小川一乗
監修補助　延塚知道 草野顕之 藤原正寿

装幀者　神田昇和

発行者　菊池明郎
発行所　株式会社 筑摩書房
東京都台東区蔵前2-5-3
郵便番号　111-8755
振替　00160-8-4123

印刷　株式会社 精興社／製本　株式会社 積信堂

ISBN978-4-480-32021-6 C0315

刊行にあたって

『シリーズ　親鸞』は、真宗大谷派（東本願寺）の「宗祖親鸞聖人七百五十回御遠忌」を記念して出版されました。

いま、現代社会に向かって広く「浄土真宗」を開示しようとするのは、宗祖親鸞聖人によって顕《あきら》かにされた「浄土真宗」こそが、今日の社会が直面している人間中心主義の闇を照らし出し、物質文明の繁栄の底に深刻化している人類生存の危機を克服する時機相応の教えであるとの信念に立っているからです。本書を通して一人でも多くの方が、親鸞聖人の教えである「浄土真宗」に出遇っていただき、称名念仏する者となってくださる機縁となりますことを念願しています。

このシリーズは、執筆者各々が役割分担して「浄土真宗」を明らかにしたいと企画されました。そのために、担当する文献や課題を各巻ごとに振り分けて、それぞれを主題として執筆されています。それによって、引用される文献や史資料が各巻にわたって重複することを少なくし、「浄土真宗」の全体が系統的に提示されるようにいたしました。

凡例は、文献の言語や史資料の性格などの相異を考慮して、各巻ごとに独自に作成されています。また、引用文の取り扱い方や解読の仕方などについても、執筆者に一任いたしました。

このたびの刊行にあたっては、読者に分かりやすく読んでいただけるように、筑摩書房の協力を得て、可能な限り監修いたしました。『シリーズ　親鸞』は学術書ではありません。学問的な裏付けを大切にしつつも、読みやすい文章表現になるよう努めました。ご一読いただければ幸甚です。

監修者　小川一乘

宗祖親鸞聖人七百五十回御遠忌記念出版　真宗大谷派（東本願寺）

シリーズ　親鸞　全十巻　※は既刊

【監修】小川一乗　【監修補助】延塚知道　草野顕之　藤原正寿

※第一巻　歴史のなかの親鸞　真実のおしえを問う　名畑　崇

第二巻　親鸞が出遇った釈尊　浄土思想の正意　小川一乗

第三巻　釈尊から親鸞へ　七祖の伝統　狐野秀存

第四巻　親鸞の仏道　『教行信証』の世界　寺川俊昭

第五巻　親鸞の教化　和語聖教の世界　一楽　真

第六巻　親鸞の伝記　『御伝鈔』の世界　草野顕之

※第七巻　親鸞の説法　『歎異抄』の世界　延塚知道

第八巻　親鸞から蓮如へ　真宗創造　『御文』の発遣　池田勇諦

第九巻　近代日本と親鸞　信の再生　安冨信哉

第十巻　現代と親鸞　現代都市の中で宗教的真理を生きる　本多弘之